111

FAMILIEN

REZEPTE

Gesund kochen für die Familie

111 verlockende Familienrezepte, die allen schmecken - verblüffend einfach und leicht zu Kochen.

Ein Genuss für Groß und Klein, egal ob Kleinkind oder Teenager

Ein Buch von Michaela Fischer

Den Kindern soll es schmecken, aber Sie möchten sich dennoch gesund ernähren?

Es soll schnell gehen, einfach umzusetzen und trotzdem gesund sein? Sie möchten neue Inspirationen, aber trotzdem keine Löcher in der Haushaltskasse?

Mit diesem Buch finden Sie die Lösung für Ihr Problem mit 111 erprobten Rezepten für den ganzen Tag, für jede Gelegenheit und vor allem: für die ganze Familie.

Von saisonalen Rezepten, die für jede Jahreszeit passen, über kleine Gerichte und Snacks für die Jausen-Pause bis hin zu Fleisch-, Geflügel- und Fisch-Rezepten als Hauptgerichte-, sowie vegane und vegetarische Gerichte, finden Sie hier alles was das Kocherherz begehrt!

Hier findet definitiv jedes Familienmitglied sein neues Lieblingsrezept!

Bibliografische Information der Deutschen Nationalbibliothek

Die Deutsche Nationalbibliothek verzeichnet diese Publikation in der deutschen Nationalbibliografie; detaillierte Daten sind im Internet abrufbar über: *https://dnb.dnb.de*[1]

Für Fragen und Anregungen:

michaela.fischer@tutanota.de

Cover und Layout: Matt Stone

Lektorat & Korrektorat: Kerstin Barthels

eBook ASIN: B07SDFB3QS

Print ISBN-10: 109951438X

Print ISBN-13: 978-1099514388

---

[1] https://dnb.dnb.de

2. Auflage 2019

Weitere Informationen zum Autor finden sie unter:

Lovelybooks:
https://www.lovelybooks.de/mitglied/Michaela-Fischer/[2]

Facebook:
https://www.facebook.com/Michaela.Fischer.Autorin[3]

Amazon: https://www.amazon.de/Michaela-Fischer/e/B07JCFQS4M/[4]

Instagram:
https://www.instagram.com/Michaela.Fischer.Autorin[5]

---

2 https://www.lovelybooks.de/mitglied/Michaela-Fischer/
3 https://www.facebook.com/michaela.fischer.autorin
4 https://www.amazon.de/Michaela-Fischer/e/B07JCFQS4M/
5 https://www.instagram.com/Michaela.Fischer.Autorin

Abkürzungen

ca. = zirka
cl = Zentiliter
E = Eiweiß
EL = Esslöffel
F = Fett
FP = Fertigprodukt
g = Gramm
i. Tr. = in der Trockenmasse
kJ = Kilojoule
kcal = Kilokalorien
TL = Teelöffel
TK = tiefgekühlt
Std. = Stunde
Msp. = Messerspitze
mm = Millimeter
ml = Milliliter
Min. = Minuten
l = Liter
KH = Kohlenhydrate
kg = Kilogramm

Maße

1 TL = 5 ml
1 EL = 10 ml
1 Tasse = 150 ml
1 l = 1000 ml
1 cl = 0,01 l = 10 ml

Backofentemperaturen

Die Backofentemperaturen beziehen sich größtenteils auf den Elektroherd mit Ober- und Unterhitze.

Gasherd mit 9 Stufen zu Elektroherd mit Ober- und Unterhitze

Stufe 1 = 140° C

Stufe 2 = 150° C

Stufe 3 = 170° C

Stufe 4 = 180° C

Stufe 5 = 190° C

Stufe 6 = 200° C

Stufe 7 = 220° C

Stufe 8 = 230° C

Stufe 9 = 250° C

Gasherd mit 6 Stufen zu Elektroherd mit Ober- und Unterhitze

Stufe 1 = 150° C

Stufe 2 = 180° C

Stufe 3 = 220° C

Stufe 4 = 230° C

Stufe 5 = 240° C

Stufe 6 = 250° C

Inhaltsverzeichnis

Hinweis

Bevor es losgeht: *Warum sind keine Fotos im Buch?*

Viele werden sich fragen, warum dieses Buch ohne bunte Fotos angeboten wird. Dies ist ganz einfach erklärt. Fotos sind ein hoher Kostenpunkt, den Sie als Endkunden zu tragen hätten. Ein Rezeptbuch mit Hochglanzfotos würde einen Preis von mehr als 20 Euro haben. Ich möchte meinen Lesern jedoch günstige Buchpreise bieten, deshalb habe ich bewusst auf bunte Hochganzfotos verzichtet.

In vielen Ratgebern handelt es sich ohnehin stets um Beispielbilder. Mit Foodstylisten, die zusätzlich Geld kosten, kann alles wunderbar dargestellt werden. Generell sieht ein Gericht zu Hause immer anders aus, als auf bunten Bildern versprochen. Diese Enttäuschung möchte ich Ihnen ersparen und punkte stattdessen mit innovativen und besonders leckeren Rezepten. Zudem ist es bedeutend umweltschonender, auf den Druck von Bilder zu verzichten. Ein Punkt, der in der heutigen Zeit immer mehr an Wichtigkeit gewinnt. Nun möchte ich Sie aber nicht mehr auf die Folter spannen. Ich wünsche ein gutes Gelingen und viel Spaß beim Kochen!

Mit lieben Grüßen,
Ihre Michaela Fischer

Vorwort

Vielen Dank das Sie dieses Buch gekauft haben. Es freut mich sehr, Ihnen meine riesige Familienrezepte-Ansammlung präsentieren zu dürfen.

Ich bin Michaela Fischer und der Überzeugung, dass die Welt nicht noch mehr langweilige und öde Bücher ohne Hintergrundwissen braucht. Halbwahrheiten gibt es im Ernährungsbereich schon genügend. Ich gehe nun mit diesen und meinen anderen Büchern dagegen vor.

Mein Studium zur angewandten Ernährungstherapie nutze ich, um die vielen Informationen und Mythen zu entlarven und Ihnen als Leser ein Buch mit Mehrwert zu bieten.

Meine Passion liegt darin, Ihnen als Leser Klarheiten über Ernährungsweisen und Erkrankungen zu geben. Damit Sie ein glücklicheres und gesünderes Leben führen können.

Als Studentin hatte ich mich bereits auf die Suche nach lehrreichen Büchern gemacht. Meine Suche war erfolglos. In mir wuchs der Wunsch, das zu ändern. Und so brachte mich mein Weg in eine andere Richtung. Heute bin ich Autorin und Coach im Gesundheitsbereich.

Sie finden sehr viel Gratis-Content auf meinen Kanälen bei Facebook [6]und Instagram[7]. Ansonsten wünsche ich Ihnen nun ein gutes Gelingen und freue mich auf Ihr Feedback!

Für alle Leser habe ich eine geschlossene Facebook-Gruppe erstellt, damit wir uns gegenseitig über die neuesten Rezepte, die neuesten Ernährungsstrategien und auch über die Bücher unterhalten können.

---

*Dazu kommen Sie über einen „**Klick**" auf folgendes Bild. Alternativ können Sie den Link auch in Ihren Browser eingeben.*

bit.ly/michaelaslesertreff[8]

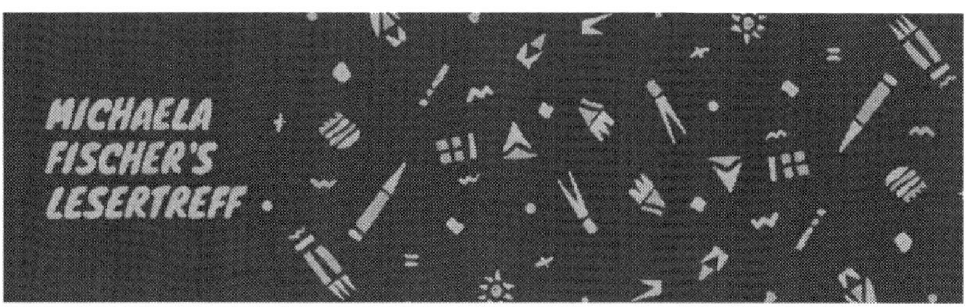

[6] https://www.facebook.com/michaela.fischer.autorin
[7] http://instagram.com/michaela.fischer.autorin
[8] http://bit.ly/michaelaslesertreff

Wissenswertes

Wie gelingt gesunde Familienküche?

Die gesunde Familienküche umzusetzen, ist nicht immer leicht. Vor allem für Sie als Eltern bedeutet das, eine Herausforderung zu meistern. Kinder essen bekanntlich genau das, was ihnen vorgelebt wird. Aus diesem Grund sollten Sie als Eltern das gute Beispiel in der Familie sein.

Eine gesunde und ausgewogene Ernährung spiegelt sich in verschiedenen Aspekten wieder. Nicht nur Gemüse und Obst gehören mit zu dieser Ernährungsweise. Sondern auch Fleisch, Milchprodukte und selbst Zucker. Natürlich nicht in Massen.

Doch wie kann sie umgesetzt werden, die gesunde und ausgewogene Familienküche? Es ist im Grunde einfach. Als Eltern bestimmen Sie, was auf dem Tisch gelangt. Sie sollten Ihre Mahlzeiten also so gestalten, dass Ihre Kinder wichtige Nährstoffe von alleine aufnehmen. Achten Sie auf ein gutes Gleichgewicht zwischen Fetten, Zucker und anderen Bestandteilen der Nahrung.

Alleine machen? In diesem Falle sprechen wir von weniger Fertigprodukten und mehr Eigenproduktion. Eis, Süßspeisen, Pfannengerichte und viele weitere Mahlzeiten lassen sich auch mit wenig Zeitaufwand einfach selber gesund herstellen. Wir haben Ihnen dafür die wichtigsten Rezepte rund um die Familienküche zusammengetragen und helfen Ihnen, die zahlreichen Angebote umzusetzen.

Fett, Zucker & Co

Zucker und Fett sind zwei Aspekte, die jeder in seinem Leben auf gewisse Weise abschaffen sollte. Bevor Sie nun aber alle Zuckersorten und Fette verbannen, sollten Sie sich darüber informieren. Denn Fette sind Geschmacksträger und Zucker gilt als Energielieferant. Doch warum sollte man es dann aus dem Speiseplan entfernen? Weil beide Bestandteile nicht nur ein Suchtverhalten auslösen, sondern auch schädlich sind.

Fette gehören neben den Kohlenhydraten und den Eiweißen mit zu den drei Grundbausteinen der Ernährung. Die Fette im Körper haben ganz unterschiedliche Funktionen. Unter unseren Füßen beispielsweise dient das eigene Körperfett der Polsterung. An der Haut oder besser gesagt unter der Haut dient es als Wärmedämmung. Zusätzlich gilt Fett als Energielieferant. Nimmt man jedoch die falschen Fette zu sich, kann das nicht nur zu einer Überfettung führen, sondern auch zu körperlichen Erkrankungen. Es gilt also die gesunden Fette von den schlechten Fetten zu trennen.

Gute Fette, die in Nüssen oder auch pflanzlichen Stoffen vorkommen, sind reich an ungesättigten Fettsäuren. Diese liefern dem Körper die Fettsäuren, die man für einen gesunden Organismus braucht. Sie dienen beispielsweise beim Aufbau der Körperzellen.

Schlechte Fette sind oftmals in tierischen Bestandteilen enthalten. Sie liefern dem Körper keine wichtigen Fettsäuren, sondern lediglich schnelle Energie. Diese Energie wird vom Körper aber nicht effizient verbraucht und das Fett lagert sich im Blut und im Gewebe an. Es kommt zum Übergewicht.

Ähnlich sieht es beim Zucker aus. Dieser kann negative Folgen auf den Körper haben. Auch Zucker kann als Energielieferant dienen. Jedoch sollten Sie als Eltern unterscheiden: Der normale Zucker ist ein Einfachzucker und wird ohne nennenswerte Bestandteile im Körper verdaut. Andere Zuckerarten wie der Traubenzucker oder der Rohrzucker sind Mehrfachzucker und bieten dem Körper einen längeren Nutzen.

Wer zu viele Einfachzucker zu sich nimmt, sorgt dafür, dass der Körper zu viel Insulin ausschüttet. Das wiederum führt zu einer schnellen Unterzuckerung, wodurch der Körper angehalten ist noch mehr Zucker aufzunehmen. Negative Auswirkungen des Zuckerkonsums sind nicht zu übersehen. Neben Konzentrationsschwächen kann man deutlich ein schlechtes Hautbild und Müdigkeit erkennen. Auf den süßen Geschmack muss man nicht verzichten, doch als Eltern sollten Sie selber auf den Konsum achten und dies auch Ihrem Kind nicht zumuten.

Ersetzten Sie den Zucker gegen Fruchtzucker, Honig oder Agavendicksaft. Diese Varianten lassen sich beim Kochen, Backen und auch in anderen Bereichen anwenden.

Wie sieht es nun mit Kohlenhydraten aus? Auch diese sind nicht unbedingt die besten Begleiter. Sie sorgen ebenfalls für den schnellen Anstieg des Insulins, denn Kohlenhydrate spalten sich in Zucker auf. Das heißt, wer Weizenmehl zu sich nimmt, hat in etwa den gleichen Effekt wie bei dem Zuckerkonsum zu befürchten. Deswegen auch hier nach einer guten Alternative suchen. Diese kann aus Vollkorn bestehen. Um Kinder an diese Situation heranzuführen sollten Sie frühzeitig beginnen. Machen Sie Ihre Nudeln doch einfach alleine. Bunte Nudeln oder Nudeln mit Formen, können die Vollkornnudeln gleich viel besser angenommen werden.

Obst & Gemüse

Obst und Gemüse zählen bei Kindern, egal in welchem Alter, nicht gerade zu den Favoriten. Spätestens wenn die Erbsen oder die Möhren auf den Tellern liegen, verziehen Kinder das Gesicht. Für alle Eltern ein Scheideweg, denn oftmals ist es schwer, Kinder zum Verzehr von Obst und Gemüse zu bekommen. Darauf verzichten sollten Sie als Eltern auf keinen Fall.

Als Erwachsener weiß man natürlich, dass Obst und Gemüse zur gesunden und ausgewogenen Ernährung gehören. Doch aus welchem Grund? Die Lebensmittel sind auf ganz natürliche Weise entstanden und kommen daher ohne Konservierungsstoffe und chemische Bestandteile aus. Der gesundheitsfördernde Aspekt lässt sich bereits aus dieser Tatsache gewinnen. Besonders die Inhaltsstoffe sind für uns Menschen ein wichtiger Gesundheitslieferant. Vitamine, Mineralstoffe und Ballaststoffe unterstützen nicht nur das Immunsystem, sondern auch die Darmflora. Sekundäre Pflanzenstoffe, Ballaststoffe und auch Vitamine tragen dazu bei, dass der Körper lebenswichtige Funktionen umsetzen und aufrechterhalten kann.

Vitamine und Mineralstoffe: für Zellen und Blutkörperchen

Der Mensch ist auf Vitamine angewiesen und schon die Kleinsten wollen nicht ohne diese Bestandteile auskommen. Doch warum sind die Mineralstoffe und Vitamine, die wir über Obst und Gemüse aufnehmen, so wichtig? Sie sind für den Zellaufbau und die Produktion der roten Blutkörperchen wichtig. Zusätzlich sind diese Bestandteile der Nahrung für den Knochenbau und die Zähne elementar. Vitamine und Mineralstoffe übernehmen wichtige Aufgaben des Stoffwechsels.

Ballaststoffe: Sie bringen den Sättigungseffekt

Ballaststoffe kommen ausschließlich in pflanzlichen Nahrungsbestandteilen vor. Sie dienen dem Sättigungsgefühl. Sie erleichtern es also, das Körpergewicht zu halten und Übergewicht vorzubeugen. Darüber hinaus regen sie die Darmtätigkeit an und unterstützen die Darmflora schon bei den Kleinsten. Aber die Ballaststoffe haben noch andere Wirkungsmechanismen im Körper. Sie senken das Cholesterin im Körper und wirken sich damit auf die Blutfettwerte aus. Das beugt verschiedenen Erkrankungen bereits in der Kindheit vor.

Sekundäre Pflanzenstoffe

Sekundäre Pflanzenstoffe tragen dazu bei, dass Obst und Gemüse gut duften und entsprechend hervorragend aussehen. Erst in den vergangenen Jahren haben Wissenschaftler herausgefunden, dass Obst und Gemüse eine besondere Wirkung im Körper haben. Durch die sekundären Pflanzenstoffe entsteht im Organismus eine entzündungshemmende Wirkung. Außerdem konnte man den Pflanzenstoffen eine antibakterielle Wirkung nachweisen. Bekannt sind aktuell 100.000 Arten an sekundären Pflanzenstoffen. Besonders hervorheben muss man die Pflanzenstoffe Polyphenole. Sie besitzen eine sehr wichtige Eigenschaft für den menschlichen Körper. Mit ihrer antioxidativen Eigenschaft besitzen sie einen gesundheitlichen Aspekt.

Wie kann man Obst und Gemüse optimal lagern

Ein Aspekt, den sehr viele Verbraucher vernachlässigen. Um die vollen Vorteile beim Verzehr gewinnen zu können, muss man ganz eindeutig die Lagerung beachten.

Tipps und Tricks bei der optimalen Lagerung:

- Je länger Obst und Gemüse liegen, desto intensiver und höher ist der Vitaminverlust
- Kühle Lagertemperaturen sind zu empfehlen
- Guter Luftaustausch
- Lagerung möglichst dunkel

So animieren Sie Ihre Kinder Obst und Gemüse zu verzehren

Kinder wollen weder Brokkoli, noch Möhren und auch keine Äpfel. Doch wie bekommt man sein Kind nun dazu, Obst und Gemüse zu verzehren? Eine Frage, die sich viele Eltern stellen. Hier ist die Antwort:

- Seien Sie immer Vorbild: Achten Sie darauf, immer eine Vorbildfunktion zu haben. Zeigen Sie, wie man Obst und Gemüse mögen kann.
- Mundgerechte Stücke: Gerade beim Obst ist es wichtig,mundgerechte Stücke zu nutzen. Schneiden Sie die Äpfel, Birnen und Bananen auf.

- Fantasie anregen: Wenn das Obst oder auch das Gemüse zum Leben erwachen, macht das Essen viel mehr Spaß. Dekorieren Sie die Obst- und Gemüseangebote. Oder denken Sie sich lustige Namen aus.

- Animieren Sie: Versuchen Sie ein Vorbild für Ihr Kind zu sein und essen Sie Selbst Obst und Gemüse. Wenn ein Kind aber nein sagt, respektieren Sie dies – es ist enorm wichtig für die Selbstbestimmung und die Entwicklung des Kindes.

Wichtige Küchenhelfer

Familienküche ist ein Thema, dem man sehr viel Aufmerksamkeit widmen kann. Kinder an das Kochen heranzuführen ist nicht immer leicht. Doch mit Spaß und tollen Küchenhelfern ist es möglich. Als Familie sollten Sie lernen, sich so viele Küchenhelfer anzuschaffen, wie es nur geht, die nicht nur gut aussehen, sondern Zeit einsparen. Welche Küchenhelfer können wir empfehlen?

Zur Grundausstattung einer guten Familienküche gehören Messer, gute Schneidebretter, Reiben, Saftpressen und Knoblauchpressen. Außerdem ist ein Sparschäler immer eine gute Investition. Neben Töpfen und Pfannen haben sie damit bereits die Grundausstattung.

Bei den Schneidebrettern sollten Sie immer auf Produkte achten, die antibakteriell sind und sich gut reinigen lassen. Meine persönlichen Favoriten sind mitunter die Marken Kesper, Tyrolit und WMF. Messer gibt es ähnlich viele. Achten Sie auf Gemüsemesser und Fleischmesser.

Um die Handarbeiten in der Küche noch schneller gewährleisten zu können, gibt es einige Küchenhelfer die besondere Vorteile bieten. Ein Spiralschneider gehört dazu. Mit diesem können Sie geschwind die besten Formen für Gemüsenudeln oder auch Salate schaffen. Für Kinder immer wieder ein Ansporn, das verhasste Gemüse doch zu verzehren.

Ebenfalls sehr zu empfehlen ist der Nicer Dicer. Es handelt sich dabei um ein Schneidewerkzeug, mit verschiedenen Einsätzen. Einfach die Produkte reinlegen, Messer runterdrücken und fertig. Damit verwandelt sich jeder Salat in ein tolles Gericht.

Trinken

Wer sein Kind gesund und ausgewogen ernähren möchte, der sollte die Flüssigkeitsaufnahme nicht vernachlässigen. Leider verzichten sehr viele Kinder auf das regelmäßige Trinken. Der Grund: Sie empfinden das Trinken nicht als wichtig. Das Spielen oder auch das Spaß haben gehen vor. Deswegen sollten Sie als Eltern auf die ausreichende Flüssigkeitszufuhr achten. Nutzen Sie verschiedene Methoden, um Ihrem Kind das Trinken schmackhaft zu machen.

Finger weg von Softdrinks

Bei der Getränkeaufnahme sollten Sie als Eltern darauf achten Ihrem Kind gesunde Getränke zu geben. Softdrinks, zu denen Fanta, Cola und andere süße Getränke gehören sind nicht ideal. Das hat natürlich seinen Grund. Durch den enthaltenen Zucker verfallen die Kinder in eine Art Sucht. Zucker ist ein Stoff der zwar Energie liefert, aber nicht für lange Zeit. Demnach muss der Körper stetig für eine neue Aufnahme sorgen. Wodurch das Durstverhalten zwar für kurze Zeit gestillt wird, aber die Kinder dennoch immer wieder zum süßen Getränk greifen. Um das zu unterbinden, bedarf es nicht sonderlich viel Feingefühl. Achten Sie einfach auf die gesunden Getränke. Dazu gehört natürlich Wasser und Tee. Bei den verschiedenen Teesorten können Sie natürlich Kindervarianten erwerben. Am besten nehmen Sie Ihr Kind mit vor das Tee Regal und lassen es selbst die Lieblingssorte aussuchen.

Wieviel sollten Kinder trinken?

Nun ist die Frage nach der Menge? Natürlich brauchen Kinder keine 2-3 Liter am Tag. Sie als Erwachsener sollten diese Menge jedoch einhalten. Versuchen Sie dazu regelmäßig Wasser oder ungesüßte Teesorgen zu verzehren. Ähnlich sieht es aus, wenn Sie Ihren Kindern etwas zum Trinken anbieten. Nicht immer muss es die bunte Flasche sein, die man im Supermarkt kaufen kann. Bieten Sie Smoothies oder Fruchtpunsch an. Diese lassen sich gesund und ohne Zucker zubereiten.

Kinder sollte bis zu einem Liter Wasser am Tag zu sich nehmen. Je älter die Kinder werden, desto höher steigt die Wasserkapazität des Körpers.

Säure-Basen-Haushalt

Haben Sie schon mal etwas über den Säure-Basen-Haushalt in Ihrem Körper gehört? Dann wissen Sie vielleicht, wie eine Übersäuerung auf den Körper reagiert und dass bereits Kinder darunter leiden können. Eine anhaltende Müdigkeit und Erschöpfung können Anzeichen einer zu starken Säurebelastung sein. Der Säure-Basen-Haushalt ist ein sehr komplexes Thema, weshalb wir als erstes auf die Definition eingehen wollen.

Unser Körper nimmt durch verschiedene Lebensmittel Säuren und Basen auf und verarbeitete diese. Werden von einer Substanz zu viele Mengen aufgenommen, kann es zu einem negativen Ungleichgewicht im Körper kommen. Eine Übersäuerung ist in diesem Falle beschrieben. Eine solche Situation kann den Körper und seine Organe in ein Ungleichgewicht stürzen. Körperprozesse funktionieren nicht mehr richtig und es tritt ein Unwohlsein auf. Antriebsschwäche, Appetitlosigkeit und Muskelschmerzen sind Anzeichen einer Übersäuerung. Ursachen einer solchen Erscheinung sind schlechte Ernährungsgewohnheiten. Lebensmittel die einen sauren PH-Wert haben, sind oftmals schuld an dem Unwohlsein. Belastet wird vor allem der Stoffwechsel, der sich durch die überschüssige Säure außer Takt bringen lässt.

Um eine solche Übersäuerung zu vermeiden sollten Sie als Familie auf die gesunde und ausgewogene Ernährung setzen. Setzen Sie bei einer gesunden Ernährung immer wieder auf basische Lebensmittel, die den Säurehaushalt im Blut und den Organen ausgleicht. Um diesen Ausgleich zu finden, nutzen Sie einfach die 80:20 Regel.

Was besagt diese Regel? Diese Ernährungsregel bezieht sich auf die Anteile an Obst, Gemüse und Fleisch. Dabei ist darauf zu achten, immer den geringeren Anteil dem Fleisch oder dem Eiweiß zuzuschreiben. Obst und Gemüse sollte demnach einen höheren Anteil auf dem Teller haben. Dadurch lassen sich säurebedingte Beschwerden vermindern.

Rituale

Um den eigenen Kindern das gesunde Essen beizubringen, können Eltern natürlich auf einige Tricks zurückgreifen. Wichtig ist, dass Kinder und auch Erwachsene drei Mahlzeiten am Tag zu sich nehmen. Um das zu gewährleisten, können allgemeine Rituale helfen. Wir haben Ihnen einige der Rituale zusammengetragen, die dazu beitragen eine gesunde Nahrungsaufnahme zu gewährleisten.

Als erstes möchten wir Sie darauf hinweisen immer die gemeinsamen Mahlzeiten zu zelebrieren. Im stressigen Alltag ist es nicht immer einfach. Aber einmal am Tag sollten alle an einem Tisch versammelt sitzen. Das hat den Grund, dass dadurch soziale Aktivitäten gestärkt werden. Zusätzlich lernen Kinder gemeinsam ruhig und gesittet zu essen. Eltern die gemeinsam mit ihren Kindern essen, bringen eine gewisse Ruhe in den Alltag und schaffen es dadurch die Verhaltensweisen der Kinder zu unterstützen oder zu korrigieren.

Bei den gemeinsamen Mahlzeiten sollte es immer Essensregeln oder auch Tischregeln geben, an die jeder sich zu halten hat. Dazu gehört es, den Mund beim Essen zu schließen oder auch gerade am Tisch zu sitzen. An die Regeln, die Sie als Familie aufstellen, sollten sich nicht nur Ihre eigenen Kinder halten, sondern auch die Erwachsenen. Gerade sitzen und ordentlich zu essen hat nicht nur optisch einen Vorteil, sondern auch einen Gesundheitsaspekt. Durch das bewusste Verzehren der Speisen, lernen Kinder, dem Sättigungsgefühl zu vertrauen. Außerdem bekommt der Körper die Chance, die Nahrung besser zu verdauen. Kinder lernen durch gemeinsame Mahlzeiten sich an den Eltern zu orientieren. Sie sollten also auf Ihre Tischmanieren achten.

Wir möchten Sie noch auf einen weiteren Aspekt hinweisen. Nicht nur Rituale am Tisch, wie das gemeinsame Essen, können helfen den Kindern eine gesunde Nahrungsaufnahme beizubringen. Sondern auch das gemeinsame Kochen. Versuchen Sie, Ihre Kinder einzubinden und wenn es nur beim Schneiden der Tomaten ist. So haben Kinder schneller den Bezug zu ihren Speisen und verzehren diese auch gewissenhafter. Außerdem kann es Familienzeit erschließen, die man auch im stressigen Alltag genießen kann.

Exkurse

Qualität beim Einkauf

Wenn es um das Einkaufen der gewünschten Lebensmittel geht, dann spielt die Qualität eine wichtige Rolle. Natürlich haben wir alle gelernt auf die Frische zu achten. Doch leider tun wir es nicht. Wenn Sie einkaufen gehen, worauf achten Sie? Natürlich auf den Preis. Doch wie sieht es mit der Qualität aus. Wenn es nicht gerade Obst und Gemüse sind, kann man die Qualität oftmals erst auf den zweiten oder dritten Blick erkennen. Bei Wurst, Fisch und auch Fleisch sind deswegen die Gütesiegel entscheidend. Achten Sie unbedingt auf diese und sorgen Sie so für eine artgerechte Haltung.

Wie erkennen Sie nun, dass Fleisch keine gute Qualität besitzt? In dem Sie sich dieses genau anschauen. Wie ist das Fleisch beschaffen? Wenn viel Fett am Fleischstück zu finden ist, dann können Sie von einer Massenhaltung ausgehen. Anders sieht es aus, wenn das Fett in den Fasern eingearbeitet scheint. Das lässt darauf schließen, dass die Tiere viel Bewegung hatten. Bei der Wurst sollten Sie auf die Herkunft achten.

Vegetarisch und Vegan

Vegetarische Lebensweisen sind nicht immer ein Pluspunkt in der Gesellschaft – da den meisten dadurch etwas in der Nahrung fehlt. Doch mit den passenden Kochrezepten können auch Vegetarier eine abwechslungsreiche Ernährung erhalten. Natürlich haben auch wir darauf geachtet die Eiweißquellen für Vegetarier anders zu gestalten. Doch warum sollte man vegetarisch oder sogar vegan essen. Die vegetarische Lebensweise hat den Vorteil, dass der Körper mit ausreichend Vitaminen und basischen Produkten versorgt wird. Eine Übersäuerung kann also ausgeschlossen werden.

Vegan ist hingegen eine Glaubensfrage. Natürlich ist es nicht verkehrt auf tierische Lebensmittel zu verzichten und gesunde Fette aufzunehmen. Doch als Veganer muss man sich Vitamine und Eiweißquellen aus der pflanzlichen Nahrung suchen, was oftmals sehr schwer scheint. Alternativ lässt sich in beiden Fällen Tofu anwenden.

Fertigprodukte

Fertigprodukte enthalten nicht nur starke Geschmacksverstärker, sondern auch Produkte, die zum Dauerverzehr anregen. Sie sollten Abstand nehmen. Versuchen Sie auf solche Produkte vollkommen zu verzichten. Dabei sind natürlich vor allem Soßen und auch vollständige Mahlzeiten gemeint. Diese enthalten wenige Vitamine und sorgen am Ende für eine geringe Sättigung. Es ist durchaus möglich solche Produkte gelegentlich zu verwenden.

Sie sollten aber größtenteils darauf verzichten. Versuchen Sie viel mehr vorzukochen. In diesem Falle können Sie das Meal Prepping anwenden. Es handelt sich um ein Verfahren bei dem Lebensmittel vorgekocht werden. Durch die Zubereitung verschiedener Lebensmittel können Sie für mehrere Tage das Essen zubereiten. Einfrieren oder sogar Einkochen sind ebenfalls gute Alternativen.

Wie wichtig ist Bio?

Wenn es um die Frage Bio geht, dann streiten sich die Geister. Die einen finden es gut, die anderen nicht. Fakt ist aber, Bio Lebensmittel haben einen Vorteil. Sie sind weniger stark mit Pestiziden behaftet und schaden dem Körper nicht. Somit lassen sich die Produkte auch in vielen Fällen mit Schale verzehren. Das ist nicht nur gesünder, sondern auch einfacher. Bio ist bei Wurst und Fleisch ebenfalls wichtig. Auch hier kommt es wieder auf die Haltung der Tiere an. Das Gewissen des Menschen isst eben mit.

Vorteile des saisonalen Einkaufens

Saisonales Einkaufen fällt vielen Verbrauchern schwer. Das liegt aber nicht an dem fehlenden Angebot, sondern viel mehr an dem Überangebot. Dabei sind Erdbeeren und auch Heidelbeeren im Winter weniger schmackhaft. Außerdem profitiert der Körper nur wenig von diesen nicht saisonalen Lebensmitteln. Denn die Lebensmittel haben einen langen Transportweg hinter sich, was die Qualität mindert. Zudem konnten sie nicht richtig vor Ort reifen, was wiederum zu Nachteilen im Vitamingehalt führen kann. Saisonales Einkaufen hat den Vorteil, dass die Lebensmittel der Saison alle wichtigen Nährstoffe enthalten und entsprechend umfangreich genutzt werden können.

Regionales Denken

Regionales Denken sollte jeder Verbraucher beginnen. Denn in der eigenen Heimatstadt lassen sich oftmals leckere und regionale Produkte bekommen. Auch beim Metzger oder der beim Bäcker vor Ort dort lassen sich direkt aus der Region frische Lebensmittel finden. Das kurbelt nicht nur die Wirtschaft der Region an. Man kennt als Verbraucher auch die Produkte besser und kann guten Gewissens gesund und ausgewogen kochen.

Zusätzlich hat man den Vorteil, dass die Lebensmittel frischer sind. Sie haben einen geringeren Transportweg vor sich und sind oftmals sogar biologisch angebaut.

Wichtige Gütesiegel

Bio-Siegel

Geben Sie folgenden Link ein, um das Bio-Siegel zu sehen:

https://de.wikipedia.org/wiki/Bio-Siegel[9]

Bio-Siegel steht für die einfache ökologische Anbaufläche und die biologische Produktion von Lebensmitteln ohne Pestizideinsatz. Bio-Siegel lassen sich auch in Bauernhöfen finden, die auf eine artgerechte Haltung der Tiere vertrauen.

Demeter

Geben Sie folgenden Link ein, um das Demeter-Siegel zu sehen:

https://de.wikipedia.org/wiki/Demeter_(Anbauverband)[10]

Demeter ist ein Bio-Anbauverband, welcher für biodynamische Produkte steht. Das Unternehmen setzte sich für die regionale und vor allem umweltschonende Bepflanzung und Ernte von Obst und Gemüse ein.

---

9 https://de.wikipedia.org/wiki/Bio-Siegel

10 https://de.wikipedia.org/wiki/Demeter_(Anbauverband)

MSC => Marine Stewartship Council

Geben Sie folgenden Link ein, um das MSC-Siegel zu sehen:

https://de.wikipedia.org/wiki/Marine_Stewardship_Council[11]

Dieses Gütesiegel gehört dem Verein **Marine Stewardship Council**, welche sich für eine bachhaltige Fischerei einsetzt. Es handelt sich zusätzlich um ein Umweltsiegel unter dem nur Produkte verkauft werden, die einen nachhaltige Fischerei nachweisen können.

KAT => Vereins für kontrollierte alternative Tierhaltungsformen e.V.

Geben Sie folgenden Link ein, um das KAT-Vereinslogo zu sehen:

https://de.wikipedia.org/wiki/Verein_f%C3%BCr_kontrollierte_alternative_Tierhaltungsformen[12]

Dieses Gütesiegel gehört dem Verein für **kontrollierte alternative Tierhaltungsformen e.V.** Das Ziel des Vereins ist es die lückenlose Kontrolle von Eiern, Boden- und Freilandhaltung zu gewähren. Dazu gehört auch die Überprüfung der Hühnereierkennzeichnung.

---

[11] https://de.wikipedia.org/wiki/Marine_Stewardship_Council

[12] https://de.wikipedia.org/wiki/Verein_f%C3%BCr_kontrollierte_alternative_Tierhaltungsformen

Fairtrade

Geben Sie folgenden Link ein, um das Transfair-Logo zu sehen:

https://de.wikipedia.org/wiki/Transfair[13]

Das Gütesiegel von **Fairtrade** steht für einen fairen Handel. Es soll auf den kontrollierten Handel und die optimale Bezahlung aller am Erzeugnis beteiligter Unternehmen hinweisen. Zu niedrige Marktpreise werden durch den Handel nach Fairtrade vermieden.

[13] https://de.wikipedia.org/wiki/Transfair

Hinweis

Um Ihnen die Auswahl der Rezepte möglichst einfach zu machen, haben wir überlegt, die Rezepte jeweils nach den angegeben Faktoren sortieren zu können.

Am Ende des Buches finden Sie verschiedene Register.

Unterschieden wird zwischen folgenden:

Schwierigkeitsgrad

🍴 .... bedeutet sehr leicht

🍴 🍴 .... bedeutet leicht

🍴 🍴 🍴 .... bedeutet schwer

Kalorienanzahl

Ausgewählt werden kann zwischen:

- 0 – 100 Kalorien
- 101 – 200 Kalorien
- 201 – 300 Kalorien
- 301 – 400 Kalorien
- 401 – 500 Kalorien
- 501 – 600 Kalorien
- 600 und mehr Kalorien

Dauer

Hierbei können Sie zwischen folgenden Zeitangaben auswählen:

- 0 – 15 Minuten
- 16 – 20 Minuten
- 21 – 30 Minuten
- 31 – 45 Minuten
- 46 – 60 Minuten
- 61 – 90 Minuten
- Mehr als 90 Minuten

Lifestyle

Beim Lifestyle haben wir uns folgende Kategorien überlegt, durch die Sie aussuchen können:

• Ballaststoffreich	Fitness
• Basisch	Fettarm
• Biologisch	Eiweißreich
• Cholesterinarm	Gluten Frei
• Diätrezepte	Laktose Frei
• Low-Carb	Rohkost
• Trennkost	Vegan
• Vegetarisch	Vitaminreich
• Zuckerfrei	

Hierbei können Sie je nach Saison und den Lebensmitteln, die für die jeweiligen Gerichte benötigt werden, sortieren.

Unterschieden wird zwischen Frühling, Sommer, Herbst und Winter.

Bevor es nun mit den Rezepten richtig losgeht, möchte ich Sie noch auf 3 ganz besondere Gerichte hinweisen. Diese sind von meinem Kooperationspartner ***zwei.und.mehr***[14].

Um die 3 kostenlosen Rezepte jetzt zu erhalten, klicken Sie auf den Download-Button. Alternativ können Sie den Link auch in Ihren Browser eingeben.

bit.ly/kostenloserezepte[15]

[14] https://www.instagram.com/zwei.und.mehr/
[15] http://bit.ly/kostenloserezepte

Frühstück

Milchreis „Kokos“

3Schwierigkeitsgrad	🍴
Portionsanzahl	③
Kalorien	490 Kcal.
Dauer	15 Min.
Lifestyle	cholesterinarm
Saisonalität	Frühling

Zutaten

600 Ml Kokosmilch (1,9 %)	150 Ml Milch (1,5 %)
30 g Zucker	1,5 Päckchen Vanillezucker
120 g Reisflocken	45 g Kokoschips
400 g Mango	3/4 Limette

Zubereitung

1. Kochen Sie die Kokosmilch mit dem Vanillezucker, der Milch und dem Zucker auf.
2. Rühren Sie anschließend die Reisflocken unter und kochen Sie das Ganze gemäß den Angaben auf der Packung.
3. Die Kokoschips rösten Sie in einer fettfreien Pfanne an und lassen Sie sie abkühlen.
4. Würfeln Sie die geschälte Mango, geben Sie die Würfel in eine Schüssel und beträufeln Sie sie mit dem Saft der ausgepressten Limette.
5. Befüllen Sie mit dem Milchreis kleine Schalen und garnieren Sie die Portionen mit den Kokoschips und den Mango-Würfeln.

Buttermilch Pancakes (mit 📷)

Schwierigkeitsgrad	🍴
Portionsanzahl	③
Kalorien	130 Kcal.
Dauer	20 Min.
Lifestyle	vegetarisch
Saisonalität	Frühling

Zutaten

180 g Mehl	2 TL Backpulver
2 Prise Natron	1 EL Zucker
Salz	1 Ei
250 ml Buttermilch	2 EL Öl

Zubereitung

1. Vermischen Sie sämtliche trockenen Zutaten und rühren Sie nach und nach Öl, Ei und Milch unter.
2. Backen Sie anschließend Pancakes in einer erhitzten Pfanne.
3. Geben Sie letzten Endes Natron dazu.

Zu diesem Rezepte gibt es ein Bild von einer Kooperationspartnerin auf Instagram. Scannen Sie mit Ihrem Smartphone den QR-Code ein. Alternativ können Sie folgenden Link eingeben:

http://bit.ly/ButterMilchPancakes[16]

[16] http://bit.ly/buttermilchpancakes

Joghurt mit Honig und Früchten

Schwierigkeitsgrad	🍴🍴
Portionsanzahl	③
Kalorien	410 Kcal.
Dauer	30 Min.
Lifestyle	vegetarisch
Saisonalität	Sommer

Zutaten

180 g Sahne
1 EL Zucker
Schalenabrieb 1 Zitrone
1 EL Honig
300 g Naturjoghurt
1 Päckchen Vanillin-Zucker *
600 g gemischtes Obst

* (nicht unbedingt benötigt)

Zubereitung

1. Vermischen Sie den Joghurt mit der steif geschlagenen Sahne. Rühren Sie Vanillin-Zucker, Zitronenabrieb und Zucker unter.
2. Waschen Sie das gemischte Obst und würfeln Sie es.
3. Richten Sie das Obst auf Tellern an, geben Sie den Joghurt in Schälchen dazu und verteilen Sie etwas Honig auf den Joghurt-Portionen.

Gebackener Hafer

Schwierigkeitsgrad	🍴
Portionsanzahl	③
Kalorien	210 Kcal.
Dauer	30 Min.
Lifestyle	ballaststoffreich
Saisonalität	Sommer

Zutaten

100 g Haferflocken
25 g Walnüsse
90 Ml Mandelmilch
5 g geschmolzenes Kokosöl
griechischer Joghurt
1 Prise Salz
100 g gemischte Beeren
Mark von 1/2 Vanilleschote
1/2 EL Honig

Zubereitung

1. Vermischen Sie die Haferflocken mit etwas Salz und kochendem Wasser (400 Ml). Lassen Sie das Ganze für 10 Minuten ziehen.
2. Waschen Sie die Beeren und hacken Sie die Walnüsse.
3. Rühren Sie Walnüsse, Vanillemark, Beeren und Mandelmilch unter die Haferflocken.
4. Bestreichen Sie eine Auflaufform mit Kokosöl und geben Sie die Haferflocken-Mischung hinein. Träufeln Sie Honig darüber und backen Sie die Haferflocken für 25 Minuten (160 °C Umluft).
5. Servieren Sie den gebackenen Hafer mit etwas griechischem Joghurt.

Grieß-Rhabarber-Pfannkuchen

Schwierigkeitsgrad	🍴
Portionsanzahl	③
Kalorien	485 Kcal.
Dauer	25 Min.
Lifestyle	vegetarisch
Saisonalität	Sommer

Zutaten

100 g Vollkorngrieß
3 Stangen Rhabarber, rot
3 Eier
1,5 EL Vanillezucker
1,5 EL Puderzucker
375 Ml Milch (1,5 %)
300 g Erdbeeren
Salz
1,5 EL Rapsöl

Zubereitung

1. Kochen Sie den Grieß in der Milch auf. Stellen Sie den Topf für 10 Minuten abgedeckt zur Seite.
2. Schneiden Sie den gewaschenen Rhabarber in Stücke (2 cm) und halbieren Sie die gewaschenen Erdbeeren.
3. Trennen Sie die Eier und schlagen Sie das Eiweiß mit etwas Salz steif.
4. Den Vanillezucker verrühren Sie den Eigelben. Anschließend heben Sie die Vanillezucker-Mischung unter den Grießbrei. Danach heben Sie den Eischnee unter.
5. Dünsten Sie den Rhabarber für 2 Minuten in einer mit Öl erhitzten Pfanne an.
6. Verteilen Sie anschließend den Grieß über den Rhabarber und backen Sie das Ganze abgedeckt für 6 Minuten.
7. Servieren Sie den Grieß-Pfannkuchen mit Puderzucker und den Erdbeeren.

Dinkelbällchen

Schwierigkeitsgrad	🍴🍴
Portionsanzahl	③
Kalorien	550 Kcal.
Dauer	85 Min.
Lifestyle	cholesterinarm
Saisonalität	Herbst

Zutaten

- 3/4 Würfel Hefe
- 3 EL Rohrzucker
- 50 g weiche Butter
- 1,5 kg Birnen
- 75 g getrocknete Cranberrys
- 375 g Joghurt (3,5 %)
- 15 g Mohn, gemahlen
- 375 g Dinkel-Vollkornmehl
- Salz
- 1 1/2 Zitrone
- 1,5 Stangen Zimt
- Mehl
- 3/4 TL Vanillezucker

Zubereitung

1. Lösen Sie die Hefe in warmem Wasser auf und rühren Sie sie glatt.
2. Vermischen Sie Zucker(1 EL), Salz, Butter, Dinkelmehl und Hefe zu einem geschmeidigen Teig. Lassen Sie ihn anschließend für 40 Minuten abgedeckt in warmer Umgebung ruhen.
3. Schneiden Sie von der Zitronenschale Streifen ab und pressen Sie sie anschließend aus.
4. Schneiden Sie die gewaschenen und entkernten Birnen in Spalten.
5. Kochen Sie Zimt, 1 EL Zitronensaft und Wasser (100 Ml) auf und fügen Sie die Cranberrys und die Birnen hinzu. Dünsten Sie das Ganze für 10 Minuten.
6. Formen Sie aus dem Hefeteig eine Rolle, die Sie in 9 Portionen schneiden. Formen Sie Bällchen aus den Portionen, decken Sie sie mit einem Tuch ab und lassen Sie sie für 5 Minuten ruhen.
7. Rühren Sie unter das Obst den übrig gebliebenen Zucker und schmecken Sie das Kompott mit Zitronensaft ab. Anschließend lassen Sie ihn abkühlen.
8. Befüllen Sie einen Topf mit Wasser. Der Wasserspiegel sollte bei 2 cm liegen. Legen Sie einen Dämpfeinsatz hinein, befüllen Sie diesen mit den Dinkelbällchen und dämpfen Sie sie für 15 Minuten.
9. Vermischen Sie den Joghurt mit Mohn und Vanillezucker, entfernen Sie die Zimtstange und die Zitronenschale aus dem Kompott und servieren Sie alles mit den Dinkelbällchen.

Müsli mit Datteln und Birnen

Schwierigkeitsgrad	🍴
Portionsanzahl	③
Kalorien	505 Kcal.
Dauer	15 Min.
Lifestyle	ballaststoffreich
Saisonalität	Winter

Zutaten

1,5 EL Sesamsamen

3 EL Zitronensaft

450 g Joghurt

3 TL Honig

3 EL Weizensprossen

1 1/2 Birnen

6 EL Vollkornhaferflocken

3 EL Sanddornsaft

9 Datteln, frisch

Zubereitung

1. Rösten Sie die Sesamsamen in einer fettfreien Pfanne an und lassen Sie sie anschließend abkühlen.
2. Schneiden Sie die gewaschenen und entkernten Birnen in Spalten und geben Sie Zitronensaft darüber.
3. Portionieren Sie die Vollkornhaferflocken in 3 Schälchen. Verrühren Sie den Sanddornsaft mit Honig und Joghurt und gießen Sie das Ganze zu den Haferflocken.
4. Würfeln Sie die entkernten Datteln.
5. Garnieren Sie Schälchen mit Birnen, Datteln, Sesamsamen und Weizensprossen.

Snacks

Fitness-Bagel

Schwierigkeitsgrad	🍴🍴
Portionsanzahl	③
Kalorien	480 Kcal.
Dauer	30 Min.
Lifestyle	Fitness
Saisonalität	Frühling

Zutaten

1 1/2 Bund Radieschen
3 TL Senf, körnig
3 Vollkorn-Bagel
1 1/2 Schalen Gartenkresse
2 Scheiben Lachsschinken
Salz
weißer Pfeffer
3 Blätter Eichblattsalat
3 Scheiben Käse

Zubereitung

1. Schneiden Sie die gewaschenen Radieschen in feine Scheiben, bestreuen Sie sie mit Salz und lassen Sie sie für 15 Minuten ruhen. Gießen Sie anschließend die Flüssigkeit ab und würzen Sie die Radieschen mit Pfeffer und Senf.
2. Schneiden Sie die Bagel auf, belegen Sie sie jeweils mit Käse, Salat, Lachsschinken und Radieschen.
3. Anschließend verteilen Sie darauf die geschnittene Gartenkresse.

Frischkäse mit Bärlauch

Schwierigkeitsgrad	🍴
Portionsanzahl	③
Kalorien	260 Kcal.
Dauer	25 Min.
Lifestyle	vegetarisch
Saisonalität	Frühling

Zutaten

1 Handvoll Bärlauch

75 g Magerquark

30 g Oliven. ohne Stein

1 Zitrone

Pfeffer

75 g Feta 75 g Frischkäse

1 Msp. Paprikapulver

2 EL Olivenöl

Salz

Zubereitung

1. Hacken Sie den gewaschenen Bärlauch, zerbröseln Sie den Feta und vermischen Sie beide Zutaten mit Paprikapulver, Magerquark und Frischkäse.
2. Hacken Sie die Oliven und rühren Sie sie mit Öl unter die Frischkäse-Mischung.
3. Pressen Sie den Saft der Zitrone. Würzen Sie den Frischkäse mit Pfeffer, Salz und Zitronensaft.

Schinken-Melone

Schwierigkeitsgrad	🍴
Portionsanzahl	③
Kalorien	280 Kcal.
Dauer	10 Min.
Lifestyle	Low Carb
Saisonalität	Sommer

Zutaten

3/4 Cantaloupe-Melone

12 Scheiben Parmaschinken, luftgetrocknet

Zubereitung

1. Schneiden Sie die gewaschene und entkernte Melone in 12 Spalten. Anschließend trennen Sie mithilfe eines Messers die Schale von den Melonen-Spalten, aber entfernen Sie sie nicht.
2. Umwickeln Sie nun jede Spalte mit einer Scheibe Parmaschinken und richten Sie das Ganze auf einer Platte an.

Zucchini Blätterteig

Schwierigkeitsgrad	🍴
Portionsanzahl	③
Kalorien	485 Kcal.
Dauer	25 Min.
Lifestyle	vegetarisch
Saisonalität	Frühling

Zutaten

260 g TK-Blätterteig	225 g Zucchini, grün
225 g Zucchini, gelb	110 g Magerquark
110 g saure Sahne	1 Eigelb
Salz	Pfeffer
1 TL Olivenöl	1 Stiel Basilikum

Zubereitung

1. Lassen Sie den Blätterteig auftauen.
2. Hobeln Sie die gewaschene Zucchini in feine Scheiben.
3. Vermischen Sie das Eigelb mit der sauren Sahne und dem Quark und würzen Sie das Ganze mit Pfeffer und Salz.
4. Heizen Sie den Backofen vor (180 °C Umluft) und legen Sie den Blätterteig auf ein Backblech mit Backpapier. Verteilen Sie darauf die Quark-Mischung, legen Sie die Zucchini-Streifen darauf und beträufeln Sie alles mit Öl.
5. Backen Sie den Zucchini-Blätterteig für 25 Minuten und servieren Sie ihn anschließend mit dem gewaschenen Basilikum.

Herbstlicher Flammkuchen

Schwierigkeitsgrad	🍴
Portionsanzahl	③
Kalorien	600 Kcal.
Dauer	35 Min.
Lifestyle	vegetarisch
Saisonalität	Herbst

Zutaten

2 1/4 EL Walnusskerne
150 g Sauerkraut
150 g Magerquark
3/4 TL Backpulver
150 g Weißkohl
4 EL Rapsöl
190 g Weizenmehl
90 g Frischkäse

Zubereitung

1. Hacken Sie die Walnüsse und hobeln Sie den geputzten und gewaschenen Weißkohl in feine Streifen.
2. Lassen Sie das Sauerkraut abtropfen und schneiden Sie es anschließend klein. Vermischen Sie es mit dem Weißkohl, 2 EL Öl, Pfeffer und Salz.
3. Verkneten Sie Backpulver, Mehl, übrig gebliebenes Öl, Quark, 3 EL Wasser und eine Prise Salz.
4. Belegen Sie ein Backblech mit Backpapier, halbieren Sie den Teig und rollen Sie eine Hälfte dünn aus. Ziehen Sie anschließend den ausgerollten Teig auf das Backblech.
5. Verteilen Sie auf dem Teig eine Hälfte der Frischkäse-Mischung und eine Hälfte der Walnüsse. Mit der zweiten Hälfte des Teigs verfahren Sie genauso.
6. Backen Sie die Flammkuchen für 10 Minuten (180 °C Umluft).

Knuspriger Backäpfel

Schwierigkeitsgrad	🍴🍴
Portionsanzahl	③
Kalorien	150 Kcal.
Dauer	60 Min.
Lifestyle	vegan
Saisonalität	Winter

Zutaten

6 Äpfel, in Scheiben und entkernt	4 TL Zitronensaft
210 g Zucker, braun	Zimt
140 g Hafermehl	100 g Margarine

Zubereitung

1. Heizen Sie Ihren Backofen vor (200 °C Umluft).
2. Verteilen Sie die Apfelscheiben in einer Auflaufform und geben Sie Zitronensaft darüber.
3. Verrühren Sie die Haferflocken mit Zimt, Zucker und Margarine und verteilen Sie die Mischung über den Äpfeln.
4. Backen Sie das Ganze für 45 Minuten.

Fladenbrot mit Pilz-Rührei

Schwierigkeitsgrad	🍴
Portionsanzahl	③
Kalorien	385 Kcal.
Dauer	20 Min.
Lifestyle	Diätrezept
Saisonalität	Winter

Zutaten

- 75 g Champignons, braun
- 1 Zwiebel, klein
- 4 EL Milch
- Salz
- 1 1/2 TL Rapsöl
- 1 1/2 Tomaten
- 2 Stiele Thymian
- 75 g Austernpilze
- 4 Eier
- 1 TL Tomatenmark
- Pfeffer
- 1 EL Sesam
- 3/4 Fladenbrot

Zubereitung

1. Schneiden Sie die geputzten Champignons in dünne Scheiben und vierteln Sie die geputzten Austernpilze. Würfeln Sie die geschälte Zwiebel.
2. Hacken Sie die gewaschenen Thymian-Blättchen.
3. Verrühren Sie die Eier mit Thymian, Milch, Tomatenmark, Pfeffer und Salz.
4. Dünsten Sie die Zwiebeln in einer mit Öl erhitzten Pfanne an. Fügen Sie die Pilze hinzu und braten Sie das Ganze. Wenn keine Flüssigkeit mehr vorhanden ist, gießen Sie die Ei Masse hinzu und lassen Sie alles stocken.
5. Streuen Sie den Sesam darüber.
6. Vierteln Sie die gewaschenen Tomaten, schneiden Sie das Fladenbrot in 3 Viertel und schneiden Sie die Viertel ein.
7. Belegen Sie die Fladenbrote mit Tomate und Rührei.

Salate

Kartoffelsalat mit Spargel

Schwierigkeitsgrad	🍴🍴
Portionsanzahl	③
Kalorien	400 Kcal.
Dauer	90 Min.
Lifestyle	vegetarisch
Saisonalität	Frühling

Zutaten

375 g Bruchspargel	Salz
1 Prise Zucker	1 TL instant Gemüsebrühe
Saft 1 Zitrone	1 1/2 EL Weißweinessig
1 TL Dijonsenf	Pfeffer
2 EL Distelöl	750 g Kartoffeln, festkochend
1 Bund Schnittlauch	

Zubereitung

1. Schälen Sie den Spargel und kochen Sie ihn mit etwas Zucker für 12 Minuten in Salzwasser.
2. Gießen Sie den Spargel ab und fangen Sie ca. 50 Ml Spargelwasser auf.
3. Verrühren Sie die Gemüsebrühe mit Spargelwasser, Essig, Öl, Zitronensaft, Senf; Pfeffer und Salz.
4. Kochen Sie Pellkartoffeln. Schneiden Sie anschließend die gepellten Kartoffeln in Scheiben und vermischen Sie sie mit dem angerührten Dressing. Lassen Sie das Ganze für 1 Stunde ruhen.
5. Hacken Sie den Schnittlauch. Mischen Sie ihn zusammen mit dem Spargel in den Kartoffelsalat. Würzen Sie alles nochmals mit Pfeffer, Zitronensaft und Salz.

Karottensalat mit Apfel

Schwierigkeitsgrad	🍴
Portionsanzahl	③
Kalorien	270 Kcal.
Dauer	15 Min.
Lifestyle	ballaststoffreich
Saisonalität	Frühling

Zutaten

3 EL Rapsöl

6 EL Apfelsaft

Jodsalz

3 Äpfel

4 1/2 EL Zitronensaft

Pfeffer

3 Karotten

Zubereitung

1. Vermischen Sie Apfelsaft, Öl und Zitronensaft. Würzen Sie das Dressing mit Salz und Pfeffer.
2. Raspeln Sie die geschälten Karotten und die geschälten und entkernten Äpfel. Vermischen Sie beides mit dem Dressing.

Gurkensalat mit Kartoffeln

Schwierigkeitsgrad	🍴🍴
Portionsanzahl	③
Kalorien	320 Kcal.
Dauer	30 Min.
Lifestyle	cholesterinarm
Saisonalität	Sommer

Zutaten

750 Kartoffeln, vorw. festkochend

600 g Salatgurke

6 TL Weizenkeimöl

3 TL Dillspitzen

Zitronensaft

3 EL Schnittlauchröllchen

Salz

12 EL Gemüsebrühe, instant

Pfeffer

9 EL Joghurt

3 TL Kürbiskerne

Zubereitung

1. Kochen Sie Pellkartoffeln und schneiden Sie anschließend die gepellten Kartoffeln in Scheiben.
2. Schälen Sie die Salatgurke, halbieren Sie sie der Länge nach, entkernen Sie sie und schneiden Sie die Gurke anschließend in Scheiben.
3. Vermischen Sie die Gemüsebrühe mit Pfeffer, Salz, Dillspitzen und Weizenkeimöl (1 TL). Geben Sie das Dressing zusammen mit der Salatgurke und den Kartoffeln in eine Schüssel.
4. Verrühren Sie den Joghurt mit Pfeffer, Salz, Zitronensaft und dem übrig gebliebenen Öl.
5. Bestreuen Sie den Salat mit dem Schnittlauch und den Kürbiskernen und reichen Sie dazu den Joghurt.

Bohnensalat mit Mais

Schwierigkeitsgrad	🍴
Portionsanzahl	③
Kalorien	450 Kcal.
Dauer	15 Min.
Lifestyle	glutenfrei
Saisonalität	Sommer

Zutaten

3/4 Dose Gemüsemais
3/4 Glas Silberzwiebel
1 1/2 Fleischtomaten
3/4 Becher Schmand
Pfeffer
3/4 Dose Kidneybohnen
2 Paprikaschoten, bunt
1 Chilischote, rot, klein
Salz
1 Knoblauchzehe, klein

Zubereitung

1. Lassen Sie Zwiebeln, Mais und Bohnen abtropfen. Würfeln Sie die gewaschenen Tomaten und die gewaschene Paprika. Schneiden Sie die entkernte Chilischote in dünne Streifen.
2. Vermischen Sie Schmand, Pfeffer, Salz, Chili und den zerdrückten Knoblauch.
3. Geben Sie das Gemüse auf Teller und übergießen Sie es mit dem Dressing.

Gemüsesalat indonesischer Art

Schwierigkeitsgrad	🍴🍴🍴
Portionsanzahl	③
Kalorien	380 Kcal.
Dauer	60 Min.
Lifestyle	fettarm
Saisonalität	Herbst

Zutaten

300 g Kartoffeln, festkochend

300 g Weißkohl

300 g Sojabohnensprossen

2 Knoblauchzehen

6 EL Orangensaft

2 EL Öl

1 Bund Schnittlauch

2 Karotten

Salz

2 Frühlingszwiebeln

1 Peperoni, rot

6 EL Gemüsebrühe, instant

3 EL Kejap manis

Zubereitung

1. Würfeln Sie die geschälten Karotten und die geschälten Kartoffeln. Schneiden Sie den geputzten und gewaschenen Weißkohl in dünne Streifen.
2. Kochen Sie die Kartoffeln für 3 Minuten in Salzwasser. Fügen Sie den Weißkohl und die Karotten hinzu und kochen Sie das Ganze für weitere 3 Minuten. Zum Schluss geben Sie für eine halbe Minute die Sojabohnensprossen hinzu, gießen alles ab und lassen alles abtropfen.
3. Schneiden Sie die geputzten Frühlingszwiebeln in feine Stückchen, würfeln Sie die geschälten Knoblauchzehen und hacken Sie die entkernte Peperoni.
4. Vermischen Sie die Gemüsebrühe mit Orangensaft, Ketjap manis, Knoblauch, Öl, Peperoni und Frühlingszwiebeln. Rühren Sie das Ganze unter das Gemüse und lassen Sie es für 30 Minuten ruhen.
5. Hacken Sie den Schnittlauch und streuen Sie ihn über den Salat.

Paprikasalat mit Oliven

Schwierigkeitsgrad	🍴
Portionsanzahl	③
Kalorien	90 Kcal.
Dauer	45 Min.
Lifestyle	vegan
Saisonalität	Herbst

Zutaten

1 Paprika, rot

1 Paprika, gelb

1 Paprika, grün

1 gehackt Knoblauchzehe

40 g gehackte Petersilie

5 gehackte Basilikum-Blätter

6 entkernte Oliven in Scheiben

1 1/2 EL Olivenöl

1/2 EL Balsamicoessig

Zubereitung

1. Schneiden Sie die entkernte Paprika in feine Streifen.
2. Verrühren Sie die restlichen Zutaten zu einem Dressing.
3. Geben Sie das Dressing über die Paprika und servieren Sie anschließend den Salat.

Salat mit Ziegenkäse und Feigen

Schwierigkeitsgrad	🍴
Portionsanzahl	③
Kalorien	375 Kcal.
Dauer	30 Min.
Lifestyle	Diätrezept
Saisonalität	Winter

Zutaten

60 g geschälte Haselnüsse

4 Feigen

6 Scheiben Schinken

1 1/2 EL Zitronensaft

Salz

190 g gemischter Salat

150 g Ziegenfrischkäse

1 1/2 EL Thymianhonig

3 EL Öl

Pfeffer

Zubereitung

1. Rösten Sie die Nüsse in einer fettfreien Pfanne an. Anschließend hacken Sie die abgekühlten Nüsse.
2. Zupfen Sie den gewaschenen Salat in Stücke, schneiden Sie die geputzten Feigen in Spalten und zerbröseln Sie den Ziegenfrischkäse.
3. Schneiden Sie den Schinken in dünne Streifen.
4. Verrühren Sie Öl, Zitronensaft, Honig, Pfeffer und Salz zu einem Dressing.
5. Vermischen Sie Salat, Schinken, Käse und Feigen und übergießen Sie das Ganze mit dem Dressing. Anschließend streuen Sie die Nüsse darüber.

Suppen

Kürbissuppe

Schwierigkeitsgrad	🍴
Portionsanzahl	③
Kalorien	65 Kcal.
Dauer	25 Min.
Lifestyle	Vegetarisch
Saisonalität	Herbst

Zutaten

900 g Kürbis

n.B Wasser

3 Gemüsebrühwürfel

Salz

Pfeffer

Chili

2 Tr. Kürbiskernöl

3 TL Kürbiskerne

Zubereitung

1. Halbieren Sie bitte den Kürbis und nehmen Sie die Kerne aus dem Inneren heraus. Den Kürbis bitte nicht schälen, sondern nur in Stücke schneiden.
2. Wasser aufkochen und die Gemüsebrühwürfel darin auflösen.
3. Kürbis in die Brühe geben und 10 Minuten kochen lassen.
4. Den Kürbis mit dem Pürierstab zerkleinern, bis keine Stückchen mehr ersichtlich sind.
5. Nun mit den angegebenen Gewürzen abschmecken und in tiefen Tellern servieren.
6. Mit Kürbiskernen bestreuen.

Dieses Rezept kann man mit Brot servieren.

Tomatensuppe mit Käse

Schwierigkeitsgrad	🍴
Portionsanzahl	③
Kalorien	110 Kcal.
Dauer	50 Min.
Lifestyle	vegetarisch
Saisonalität	Frühling

Zutaten

1,5 Zwiebeln

¾ Knoblauchzehe

450 g Tomaten

1 ½ EL Olivenöl

600 Ml Gemüsebrühe

Parmesankäse

Pfeffer

Salz

Zubereitung

1. Den Knoblauch und die Zwiebeln schälen und zerkleinern.
2. Die Tomaten heiß überbrühen, abgießen und sofort abschrecken. Nun die Tomaten häuten und halbieren. Entfernen Sie die Kerne aus den Tomaten und würfeln sie diese.
3. Öl in der Pfanne erhitzen und die Zwiebeln mit dem Knoblauch braten. Mit der Gemüsebrühe ablöschen.
4. Nun die Tomaten zufügen und alles 20 Minuten köcheln lassen.
5. Suppe anschließend abschmecken und dann mit Parmesan bestreuen.

Frühlingssuppe

Schwierigkeitsgrad	🍴 🍴
Portionsanzahl	③
Kalorien	130 Kcal.
Dauer	30 Min.
Lifestyle	Eiweißreich
Saisonalität	Frühling

Zutaten

- 1 ½ Eier
- Pfeffer
- ¾ Bund Möhren
- 3 cm Ingwer
- Salz
- Butter
- 180 Ml Milch
- Schnittlauch
- ¾ rote Paprikaschote
- 560 Ml Gemüsebrühe

Zubereitung

1. Eier und Milch vermengen und verrühren. Alles mit Salz würzen.
2. Die Masse in eine eingefettete Schüssel aus Edelstahl oder Porzellan füllen und abdecken.
3. Einen Topf fingerbreit mit Wasser füllen und die Schüssel reinsetzen. Das Wasser zum Kochen bringen. Nun den Eierstich 45 Minuten lang stocken lassen.
4. Möhren schälen und in dekorative Scheiben schneiden. Paprika waschen und in Streifen schneiden.
5. Den Gemüsefond aufkochen lassen und das Gemüse reinlegen. Alles 5 Minuten garen lassen.
6. Suppe mit Salz und Pfeffer abschmecken. Eierstich aus der Schüssel entfernen und schneiden.
7. Den Schnittlauch waschen und schneiden und mit dem Eierstich in die Suppe geben.

Kartoffelsuppe mit Meerrettich

Schwierigkeitsgrad	🍴🍴
Portionsanzahl	③
Kalorien	140 Kcal.
Dauer	40 Min.
Lifestyle	vegetarisch
Saisonalität	Herbst

Zutaten

280 g Kartoffeln
20 g Meerrettich
10 g Butter
10 g Butterschmalz
¾ L Gemüsebrühe
¾ Apfel
90 g Porree
1 Becher Sahne
Pfeffer
Salz

Zubereitung

1. Die Kartoffeln und Porree schneiden und in dem heißen Butterschmalz andünsten.
2. Mit Brühe auffüllen und bei abgedecktem Topf 20 Minuten garen.
3. Äpfel schälen und würfeln und in der Butter glasig dünsten. Nun den Meerrettich schälen und raspeln. Alles gut würzen.
4. Sahne steif schlagen und mit dem Meerrettich vermengen.
5. Äpfel in die Suppe geben und alles nochmals aufkochen lassen. Nun die Suppe verteilen und mit dem Sahne-Meerrettich garnieren.

Reis-Tomatensuppe

Schwierigkeitsgrad	🍴🍴
Portionsanzahl	③
Kalorien	210 Kcal.
Dauer	30 Min.
Lifestyle	vegetarisch
Saisonalität	Frühling

Zutaten

3 Fleischtomaten

110 g gegarter Reis

Salz

1 ½ Knoblauchzehen

1 ½ EL Olivenöl

525 Ml Gemüsebrühe

¾ Zwiebel

75 g Sahne

Pfeffer

¾ Bund Basilikum

Zubereitung

1. Als Erstes die Fleischtomaten mit kochendem Wasser übergießen. Diese danach häuten, entkernen und würfeln.
2. Zwiebeln und Knoblauch schälen und schneiden. Danach in einem Topf mit Olivenöl anbraten. Die Tomaten zugeben.
3. Nach 5 Minuten die Brühe aufgießen und bei mittlerer Hitze 10 Minuten kochen lassen.
4. Basilikum waschen und schneiden.
5. Diesen unter die Tomatensuppe mischen und den vorgekochten Reis zugeben.
6. Langsam würzen und die Sahne unterheben.

Wirsingsuppe mit Highlight

Schwierigkeitsgrad	🍴🍴🍴
Portionsanzahl	③
Kalorien	215 Kcal.
Dauer	50 Min.
Lifestyle	vegetarisch
Saisonalität	Winter

Zutaten

¾ Wirsing

Salz

2 Knoblauchzehen

1 ½ EL Olivenöl

¾ L Gemüsebrühe

1 ½ Paprika

1 ½ Zwiebel

Pfeffer

3 EL saure Sahne

¾ Dose weiße Bohnen

Zubereitung

1. Den Wirsing putzen und zerkleinern.
2. Zwiebeln putzen und in Spalten schneiden. Das Olivenöl in dieser Zeit erhitzen.
3. Wirsing und Zwiebeln in einem Topf anschmoren.
4. Die Brühe zugießen und alles 30 Minuten köcheln lassen.
5. Paprika putzen und ein Viertel der Menge würfeln. Den Rest auf ein Backblech legen. Die Paprika 5 Minuten grillen. Haut abziehen!
6. Paprika mit dem gepellten Knoblauch und der Sahne vermengen. Alles pürieren! Das mit Salz und Pfeffer würzen.
7. Bohnen zur Suppe geben und erhitzen. Auch hier bitte nachwürzen.
8. Nun in einem Teller anrichten und mit der Creme garnieren.

Kartoffel-Kassler Suppe

Schwierigkeitsgrad	🍴🍴
Portionsanzahl	③
Kalorien	270 Kcal.
Dauer	30 Min.
Lifestyle	Diätrezept
Saisonalität	Herbst

Zutaten

750 Ml Gemüsebrühe

Pfeffer

½ Bund Schnittlauch

200 g Kasslerrücken

Salz

1 Stk. Frischer Meerrettich

4 Kartoffeln

1 EL Rapsöl

450 g Suppengemüse TK

Zubereitung

1. Kartoffeln schälen und in Stücke schneiden. Die Brühe in der Zeit aufkochen lassen.
2. Öl in der Pfanne erhitzen und die gefüllten Kartoffeln mit Gemüse darin anbraten.
3. Die aufgekochte Brühe dazugeben und 10 Minuten kochen lassen.
4. Meerrettich reichen, Schnittlauch schneiden und den Kassler würfeln. Den Kassler in die Suppe geben und noch einmal 3-5 Minuten kochen lassen.
5. Danach alles Anrichten und mit Schnittlauch und Meerrettich garnieren. Mit Salz und Pfeffer würzen.

Fisch

Kabeljau mit Wirsing

Schwierigkeitsgrad	🍴
Portionsanzahl	③
Kalorien	440 Kcal.
Dauer	25 Min.
Lifestyle	vitaminreich
Saisonalität	Frühling

Zutaten

3 Karotten

300 g Wirsing

600 g Kabeljaufilet

Jodsalz

4 Schalotten

1 Stange Zitronengras

1 Knoblauchzehe

Pfeffer, schwarz

1 ½ Stangen Lauch

6 EL Sojabohnenkeime

3 EL Zitronensaft

1 ½ EL Reismehl

1 ½ EL Sonnenblumenöl

300 Ml Fischfonds (Glas)

1 gekochte Kartoffel

Dill, frisch

Zubereitung

1. Schälen Sie die Karotten und waschen Sie den Wirsing und den Lauch. Schneiden Sie die drei Zutaten in dünne Stifte. Anschließend spülen Sie die Sojabohnenkeime ab und lassen Sie diese abtropfen.
2. Spülen Sie den Kabeljau unter fließendem Wasser ab und trocknen Sie in mit Küchenpapier. Schneiden Sie in Streifen, geben Sie etwas Zitronensaft darüber, salzen Sie die Fischstreifen und wenden Sie sie in Reismehl.
3. Würfeln Sie die geschälten Schalotten und braten Sie sie in einem mit Öl erhitzten Wok an. Fügen Sie anschließend den Fisch hinzu, braten Sie ihn auf allen Seiten knusprig an und nehmen Sie die Streifen heraus.
4. Drücken Sie das Zitronengras an der weißen Stelle mithilfe eines Messers flach und schmoren Sie es an. Fügen Sie das Gemüse hinzu und schmoren Sie das Ganze für 4 Minuten.
5. Geben Sie den Fischfonds und den gepressten Knoblauch dazu. Nach 2 Minuten entfernen Sie das Zitronengras, rühren die gepresste Kartoffel unter und würzen mit Pfeffer und Salz. Zum Schluss erwärmen Sie darin nochmals den Fisch.
6. Garnieren Sie das Gericht mit gehacktem Dill.

Gebratener Lachs mit buntem Gemüse

Schwierigkeitsgrad	🍴
Portionsanzahl	③
Kalorien	330 Kcal.
Dauer	35 Min.
Lifestyle	eiweißreich
Saisonalität	Frühling

Zutaten

75 g Dosen-Palmherz

2 Frühlingszwiebeln

2 Knoblauchzehen

2 ½ TL Tapiokamehl

1 EL Honig

1 EL Sojasoße, hell

Salz

1 ½ Paprika, gelb und rot

15 g Ingwer

375 g Lachsfilet

75 g passierte Tomaten

1 ½ EL Reisessig

4 EL Erdnussöl

Zubereitung

1. Schneiden Sie die gespülten und abgetropften Palmherzen in Scheiben. Schneiden Sie die gewaschenen und entkernten Paprika in Streifen. Hacken Sie die gewaschenen Frühlingszwiebeln, den geschälten Ingwer und den geschälten Knoblauch.
2. Spülen Sie den Fisch ab, trocknen Sie ihn mit einem Küchenpapier und schneiden Sie ihn in Streifen.
3. Vermischen Sie Tapiokamehl (2 TL), Salz und kaltes Wasser (2 EL). Wenden Sie darin die Fischstreifen.
4. Verrühren Sie Essig, Tomaten, kaltes Wasser (6 EL), Honig, Sojasoße und Tapiokamehl (½ TL).
5. Braten Sie den Fisch in einer mit Erdnussöl erhitzten Pfanne auf jeder Seite an. Nehmen Sie den Fisch anschließend aus der Pfanne. Gießen Sie etwas Fett ab und braten Sie darin Ingwer, Frühlingszwiebeln, Knoblauch und Paprika für 4 Minuten an. Fügen Sie die Tomatensoße und die Palmherzen hinzu. Lassen Sie das Ganze für 2 Minuten leise kochen. Würzen Sie mit Pfeffer und Salz.
6. Servieren Sie den Fisch mit der Gemüsesoße.

Mediterraner Seeteufel

Schwierigkeitsgrad	🍴
Portionsanzahl	③
Kalorien	260 Kcal.
Dauer	40 Min.
Lifestyle	eiweißreich
Saisonalität	Sommer

Zutaten

540 g Seeteufelfilet
1 Paprika, rot
1 Schalotte
2 EL Olivenöl
½ Bund Schnittlauch
Meersalz
1 Paprika, grün
1 Paprika, gelb
1 Knoblauchzehe
1 Spritzer Zitronensaft
1 ½ Zucchini
Pfeffer

Zubereitung

1. Schneiden Sie die gespülten und abgetropften Palmherzen in Scheiben. Schneiden Sie die gewaschenen und entkernten Paprika in Streifen. Hacken Sie die gewaschenen Frühlingszwiebeln, den geschälten Ingwer und den geschälten Knoblauch.
2. Spülen Sie den Fisch ab, trocknen Sie ihn mit einem Küchenpapier und schneiden Sie ihn in Streifen.
3. Vermischen Sie Tapiokamehl (2 TL), Salz und kaltes Wasser (2 EL). Wenden Sie darin die Fischstreifen.
4. Verrühren Sie Essig, Tomaten, kaltes Wasser (6 EL), Honig, Sojasoße und Tapiokamehl (½ TL).
5. Braten Sie den Fisch in einer mit Erdnussöl erhitzten Pfanne auf jeder Seite an. Nehmen Sie den Fisch anschließend aus der Pfanne. Gießen Sie etwas Fett ab und braten Sie darin Ingwer, Frühlingszwiebeln, Knoblauch und Paprika für 4 Minuten an. Fügen Sie die Tomatensoße und die Palmherzen hinzu. Lassen Sie das Ganze für 2 Minuten leise kochen. Würzen Sie mit Pfeffer und Salz.
6. Servieren Sie den Fisch mit der Gemüsesoße.

Herzhafter Bismark-Hering

Schwierigkeitsgrad	🍴🍴
Portionsanzahl	③
Kalorien	590 Kcal.
Dauer	15 Min.
Lifestyle	vitaminreich
Saisonalität	Sommer

Zutaten

1 ½ Äpfel, säuerlich

1 Gemüsezwiebel, klein

Salz

Dijonsenf

1 Bund Dill

1 Lauchzwiebel

1 ½ Becher saure Sahne

Pfeffer

6 Bismarckheringsfilets

Zubereitung

1. Schneiden Sie die geschälten und entkernten Äpfel in Würfel. Hacken Sie die Lauchzwiebel und würfeln Sie die geschälte Zwiebel.
2. Schneiden Sie den Bismarckhering in mundgerechte Stücke und hacken Sie den Dill.
3. Verrühren Sie Senf, saure Sahne, Pfeffer und Salz und vermischen Sie dieses Dressing mit den restlichen Zutaten.

Fisch-Gratin mit Kürbis

Schwierigkeitsgrad	🍴
Portionsanzahl	③
Kalorien	340 Kcal.
Dauer	60 Min.
Lifestyle	cholesterinarm
Saisonalität	Herbst

Zutaten

- 450 g Hokkaido-Kürbis
- 1 Knoblauchzehe
- 1 ½ EL Butter
- 300 g Kabeljaufilet
- 100 g Gouda
- 1 Prise Muskat
- Pfeffer, weiß
- Muskat
- 1 Zwiebel, klein
- 1 Stück Ingwer, klein
- 75 Ml Gemüsebrühe
- ½ Zitrone
- 2 Eier
- Salz
- 40 g Haselnüsse

Zubereitung

1. Raspeln Sie den geputzten, halbierten und entkernten Kürbis. Würfeln Sie die geschälte Zwiebel, den geschälten Ingwer und den geschälten Knoblauch. Braten Sie diese Zutaten in einer mit Butter erhitzten Pfanne rund 3 Minuten. Fügen Sie die Gemüsebrühe für weitere 7 Minuten hinzu und lassen Sie das Ganze abkühlen.
2. Waschen Sie den Fisch, trocknen Sie mit einem Küchenpapier und schneiden Sie ihn in mundgerechte Stücke. Pressen Sie die Zitrone und gießen Sie den Saft über den Fisch. Lassen Sie ihn für 5 Minuten ruhen.
3. Vermischen Sie die Eier mit dem geriebenen Gouda und rühren Sie beides unter die Kürbis-Mischung. Würzen Sie das Ganze mit Pfeffer, Muskat und Salz.
4. Würzen Sie den Kabeljau mit Pfeffer und Salz und legen Sie ihn in eine Auflaufform, bedecken Sie ihn mit der Kürbis-Mischung und streuen Sie die gehackten Haselnüsse darüber.
5. Backen Sie die Gratin für 25 Minuten in Ihrem Backofen (200 °C Umluft).

Rahmgemüse mit Lachs

Schwierigkeitsgrad	🍴
Portionsanzahl	③
Kalorien	605 Kcal.
Dauer	25 Min.
Lifestyle	vitaminreich
Saisonalität	Herbst

Zutaten

300 g Kirschtomaten

½ Bio-Zitrone

Salz

225 g Bandnudeln

4 EL Meerrettichfrischkäse

½ Chinakohl, klein

300 g Lachsfilet

Pfeffer

4 EL Kaffeesahne

Zubereitung

1. Stechen Sie die gewaschenen Kirschtomaten mithilfe eines Zahnstochers ein paar Mal ein. Vierteln Sie den gewaschenen Chinakohl und schneiden Sie anschließend die Viertel in Streifen. Waschen Sie die Zitrone, reiben Sie die Schale ab und pressen Sie sie aus.
2. Spülen Sie den Lachs unter fließendem Wasser ab, trocknen Sie ihn mit einem Papiertuch und schneiden Sie ihn in grobe Stücke. Gießen Sie den Zitronensaft über den Fisch und würzen Sie ihn mit Pfeffer und Salz.
3. Kochen Sie die Nudeln gemäß der Packungsanweisung.
4. Erhitzen Sie die Zitronenschale, Frischkäse und Kaffeesahne und würzen Sie die Soße mit Pfeffer und Salz. Fügen Sie anschließend den Kohl für 8 Minuten hinzu. Anschließend geben Sie den Fisch und die Tomaten für weitere 6 Minuten dazu.
5. Richten Sie die Nudeln zusammen mit der Fischsoße an.

Kartoffel-Lachs-Suppe

Schwierigkeitsgrad	🍴
Portionsanzahl	③
Kalorien	540 Kcal.
Dauer	50 Min.
Lifestyle	glutenfrei
Saisonalität	Winter

Zutaten

3 Stangen Lauch
Fenchelsaat
Pfeffer, weiß
450 g Lachsfilet
Muskat

6 Kartoffeln, mehligkochend 1 TL
Salz
1 ½ Bund Basilikum
300 Ml Milch (1,5 %)

Zubereitung

1. Schneiden Sie den gewaschenen Lauch in halbe Ringe. Würfeln Sie die geschälten Kartoffeln.
2. Dünsten Sie den Lauch in einem mit Öl und Fenchelsamen erhitzten Topf an. Gießen Sie anschließend 300 Ml Wasser dazu und fügen Sie die Kartoffeln hinzu. Würzen Sie das Ganze mit Pfeffer und Salz. Kochen Sie die Suppe abgedeckt für 20 Minuten.
3. Schneiden Sie die gewaschenen Basilikumblätter in dünne Streifen.
4. Spülen Sie den Fisch unter fließendem Wasser, trocknen Sie ihn mit einem Küchenpapier und würfeln Sie ihn.
5. Pürieren Sie die Suppe, rühren Sie die Milch unter und würzen Sie sie mit Muskat.
6. Zum Schluss fügen Sie den Fisch für 3 Minuten hinzu, mischen das Basilikum darunter und servieren die Kartoffel-Lachs-Suppe.

Geflügel

Hähnchenragout

Schwierigkeitsgrad	🍴
Portionsanzahl	③
Kalorien	340 Kcal.
Dauer	85 Min.
Lifestyle	Diätrezept
Saisonalität	Frühling

Zutaten

1 ½ doppelte Hähnchenbrust	2 Zwiebeln
1 Bund Suppengrün	Salz
1 Lorbeerblatt	7 Pfefferkörner, schwarz
190 Ml Sojacreme	300 g Spargel
150 g Champignons	75 g TK-Erbsen
½ Zitrone	Muskat
Pfeffer	gehackter Kerbel

Zubereitung

1. Ziehen Sie die Haut vom gewaschenen Hähnchen ab und kochen Sie es in Salzwasser (1,2 L). Den dabei entstehenden Schaum schöpfen Sie mithilfe einer Kelle ab.
2. Halbieren Sie die ungeschälten Zwiebeln und hacken Sie das geputzte und geschälte Suppengrün. Geben Sie diese Zutaten zu dem Hähnchen, fügen Sie die Pfefferkörner hinzu und kochen Sie das Ganze für 35 Minuten.
3. Nehmen Sie das Fleisch heraus, gießen Sie die Suppe durch ein Sieb und fangen Sie den Fonds auf.
4. Kochen Sie die Sojacreme mit dem Fonds (750 Ml) für 20 Minuten ein.
5. Schneiden Sie den geschälten Spargel in grobe Stücke und halbieren Sie die geputzten Champignons. Würfeln Sie das Hähnchenfleisch. Fügen Sie Champignons und Spargel dem Fonds hinzu und kochen Sie alles für 10 Minuten.
6. Anschließend geben Sie das Fleisch und die Erbsen für weitere 3 Minuten dazu. Würzen Sie das Ragout mit dem Saft der ausgepressten Zitrone, Pfeffer, Salz und Muskat. Garnieren Sie das Gericht mit gehacktem Kerbel.

Tortellini-Schinken-Auflauf

Schwierigkeitsgrad	🍴
Portionsanzahl	③
Kalorien	430 Kcal.
Dauer	45 Min.
Lifestyle	vitaminreich
Saisonalität	Frühling

Zutaten

120 g Champignons

1 Frühlingszwiebel

300 g Tortellini

75 Ml Milch (3,5 %)

1 Ei

Muskat

1 EL Vollkorn-Semmelbrösel

75 g Putenschinken

1 EL Olivenöl

Salz

1 EL Crème fraîche

Pfeffer

60 g Parmesan

Zubereitung

1. Schneiden Sie die geputzten Champignons in Scheiben, die gewaschene Frühlingszwiebel in Ringe und würfeln Sie den Schinken. Dünsten Sie diese Zutaten in einer mit Öl erhitzten Pfanne für 2 Minuten.
2. Kochen Sie die Tortellini gemäß der Packungsanleitung und geben Sie diese anschließend mit den restlichen Zutaten in die Auflaufform.
3. Vermischen Sie Crème fraîche, Milch, Pfeffer, Salz, Muskat und geriebenen Parmesan (30 g) und gießen Sie die Soße über den Auflauf.
4. Streuen Sie den übrig gebliebenen Parmesan vermischt mit Semmelbrösel über den Tortellini-Auflauf. Backen Sie das Ganze für 25 Minuten (180 °C Umluft).
5. Garnieren Sie das Gericht mit den gehackten Frühlingszwiebeln.
6. Zum Schluss fügen Sie den Fisch für 3 Minuten hinzu, mischen das Basilikum darunter und servieren die Kartoffel-Lachs-Suppe.

Bunter Hähnchen-Eintopf

Schwierigkeitsgrad	🍴
Portionsanzahl	③
Kalorien	530 Kcal.
Dauer	60 Min.
Lifestyle	ballaststoffreich
Saisonalität	Sommer

Zutaten

2 Hähnchenkeulen

2 Zwiebeln

4 Eiertomaten

Salz

2 EL Tomatenmark

1 ½ EL Worcestersoße

1 ½ Paprika, gelb und rot

1 Zweig Thymian

1 ½ EL Olivenöl

Pfeffer

300 Ml Geflügelbrühe

190 g TK-Mais

Zubereitung

1. Ziehen Sie die Haut von den gewaschenen Hähnchenkeulen ab, entfernen Sie die Knochen und würfeln Sie das Fleisch.
2. Würfeln Sie die gewaschenen und entkernten Paprika und die geschälten Zwiebeln.
3. Hacken Sie die Blätter des gewaschenen Thymians, würfeln Sie die Tomaten.
4. Dünsten Sie Zwiebeln und Paprika in einem mit Öl erhitzten Topf für 6 Minuten an. Anschließend fügen Sie den Thymian hinzu und würzen mit Pfeffer und Salz.
5. Rühren Sie Tomatenmark, Fleisch, Geflügelbrühe, Worcestersoße und Tomaten unter und lassen Sie das Ganze abgedeckt für 25 Minuten leise kochen.
6. Zum Schluss fügen Sie den Mais für 5 Minuten hinzu und schmecken alles nochmals mit Pfeffer und Salz ab.

Gefüllter Putenbraten

Schwierigkeitsgrad	🍴
Portionsanzahl	③
Kalorien	315 Kcal.
Dauer	85 Min.
Lifestyle	eiweißreich
Saisonalität	Sommer

Zutaten

60 g Weißkohl

1 EL Olivenöl

60 Ml Geflügelfonds

Pfeffer

½ kg Putenbrustfilet

75 g Feta

½ Zwiebel

½ TL Honig

Salz

etwas Petersilie

Paprikapulver, edelsüß

Zubereitung

1. Schneiden Sie den geputzten und vom Strunk befreiten Weißkohl in dünne Streifen. Hacken Sie die Zwiebel und dünsten Sie sie in einer mit Öl erhitzten Pfanne an. Gießen Sie den Honig darüber, lassen Sie das Ganze karamellisieren und fügen Sie anschließend den Geflügelfonds hinzu. Rühren Sie den Kohl unter, würzen Sie mit Pfeffer und Salz und lassen Sie das Gemüse abgedeckt für 8 Minuten leise kochen. Mischen Sie die gehackte Petersilie unter.
2. Bestreichen Sie eine Auflaufform mit etwas Öl.
3. Spülen Sie das Fleisch unter fließendem Wasser ab, trocknen Sie es mit einem Küchenpapier und schneiden Sie es in Rouladen-Form seitlich ein. Würzen Sie es mit Paprikapulver, Pfeffer und Salz, belegen Sie es mit dem Gemüse, bröseln Sie Feta darauf und rollen Sie das Ganze auf. Verschnüren Sie die Roulade mit Küchengarn. Backen Sie das Fleisch in der Auflaufform für 50 Minuten im Backofen (160 °C Umluft). Übergießen Sie es währenddessen öfters mit ein wenig Wasser.

Geflügelbrühe mit Knödeln

Schwierigkeitsgrad	🍴🍴
Portionsanzahl	③
Kalorien	460 Kcal.
Dauer	150 Min.
Lifestyle	ballaststoffreich
Saisonalität	Herbst

Zutaten

- 6 Matzen
- 2 Stiele Petersilie
- Salz
- 1 ½ Hähnchenbrustfilets
- 3 Karotten
- 1 ½ Pastinaken
- 65 g Margarine
- 3 Eier
- Pfeffer
- 1 L Geflügelbrühe
- 175 g Knollensellerie
- ½ Bund Schnittlauch

Zubereitung

1. Mahlen Sie die Matzen mithilfe eines Stabmixers. Schmelzen Sie die Margarine, hacken Sie die Petersilie.
2. Vermischen Sie Margarine, Matzen, Petersilie, Pfeffer, Salz und Eier und stellen Sie das Ganze für 1 Stunde in den Kühlschrank.
3. Formen Sie anschließend aus dem Matzenteig kleine Knödel und kochen Sie diese für 35 Minuten in Salzwasser.
4. Spülen Sie das Fleisch unter fließendem Wasser und kochen Sie es in der Geflügelbrühe für 10 Minuten. Schöpfen Sie den entstehenden Schaum ab.
5. Würfeln Sie anschließend das Fleisch sowie die geschälten Karotten, geschälten Pastinaken und den geschälten Sellerie.
6. Kochen Sie das Gemüse für 15 Minuten in der Brühe, fügen Sie die Knödel für 7 Minuten hinzu und würzen Sie die Suppe mit Pfeffer und Salz. Zum Schluss geben Sie das Fleisch wieder in die Suppe und bestreuen sie mit dem gehackten Schnittlauch.

Kürbis-Hähnchen

Schwierigkeitsgrad	🍴🍴
Portionsanzahl	③
Kalorien	620 Kcal.
Dauer	70 Min.
Lifestyle	laktosefrei
Saisonalität	Herbst

Zutaten

½ Hokkaido-Kürbis

Salz

4 Salbeiblätter

1 TL Rapsöl

2 Zweige Thymian

1 Stange Lauch

1 ½ EL Sojasoße

½ Hähnchen

Pfeffer

115 g Vollkornreis

1 ½ TL Mehl

75 Ml Apfelsaft

1 Apfel

Zubereitung

1. Schneiden Sie den gewaschenen und entkernten Kürbis in Würfel. Zerlegen Sie das gewaschene Hähnchen und würzen Sie es mit Pfeffer und Salz.
2. Kochen Sie den Reis gemäß Packungsanleitung und waschen Sie den Salbei.
3. Braten Sie die Hähnchenteile in einem mit Öl erhitzten Topf an, gießen Sie das austretende Fett ab und fügen Sie den Kürbis für 5 Minuten hinzu.
4. Verrühren Sie das Mehl mit Wasser und waschen Sie den Thymian.
5. Geben Sie die Mehlmischung, Apfelsaft und Thymian zu dem Hähnchen und lassen Sie alles abgedeckt für 30 Minuten köcheln.
6. Schneiden Sie den geputzten Lauch in breite Ringe und würfeln Sie den gewaschenen und entkernten Apfel. Geben Sie beides für 10 Minuten zu dem Kürbis-Hähnchen.
7. Würzen Sie das Gericht für dem Servieren mit Sojasoße.

Entenbrust mit Ananas

Schwierigkeitsgrad	🍴
Portionsanzahl	③
Kalorien	600 Kcal.
Dauer	100 Min.
Lifestyle	vitaminreich
Saisonalität	Winter

Zutaten

1 ½ EL Rapsöl

190 g Rotkohl

Salz

1 ½ Entenbrustfilets

600 g Kartoffeln

Muskat

1 ½ Scheiben Ananas

10 g Ingwer

Pfeffer

1 TL Pul. Biber

190 Ml Buttermilch

Zubereitung

1. Würfeln Sie die Ananas und bestreichen Sie eine Auflaufform mit Öl.
2. Schneiden Sie den gewaschenen und vom Strunk befreiten Rotkohl in dünne Streifen und geben Sie ihn zusammen mit der Ananas in die Form. Mischen Sie die Hälfte des gehackten Ingwers unter und würzen Sie mit Pfeffer und Salz.
3. Spülen Sie das Fleisch ab, trocknen Sie es ab und schneiden Sie die Fettschicht mehrmals ein. Reiben Sie die Entenbrust mit Pul Biber, dem übrig gebliebenen Ingwer und Salz ein.
4. Legen Sie das Fleisch mit der hautfreien Seite nach unten auf das Gemüse in die Auflaufform. Backen Sie das Ganze für 70 Minuten oben im Backofen (160 °C Umluft).
5. Schälen Sie die Kartoffeln und kochen Sie diese für 25 Minuten in Salzwasser. Gießen Sie sie ab, fügen Sie Buttermilch hinzu und stampfen Sie die Kartoffeln. Anschließend Rühren Sie etwas Öl, Muskat, Pfeffer und Salz unter.
6. Schneiden Sie das Fleisch in feine Scheiben und servieren Sie es mit Gemüse und Kartoffeln.

Fleisch

Hackbraten mit Pilzen

Schwierigkeitsgrad	🍴
Portionsanzahl	③
Kalorien	570 Kcal.
Dauer	120 Min.
Lifestyle	eiweißreich
Saisonalität	Herbst

Zutaten

190 g Champignons	Salz
1 ½ Brötchen (Vortag)	1 Zwiebel
300 g Beefsteakhack	1 Ei, Größe S
Pfeffer, weiß	1 ½ EL Rapsöl
130 Ml Tomatensaft	110 Ml Gemüsebrühe
750 g Kartoffeln, festkochend	1 EL Mehl
6 EL Kochsahne	

Zubereitung

1. Putzen Sie die Champignons und hacken Sie die Hälfte. Mischen Sie die gehackten Pilze mit Salz (1 TL) und lassen Sie sie für 1 Stunde ruhen.
2. Weichen Sie die Brötchen in warmem Wasser (150 Ml) ein, drücken Sie sie aus und geben Sie die weichen Brötchen in eine Schüssel. Fügen Sie die gewürfelte Zwiebel hinzu.
3. Drücken Sie die gehackten Champignons aus und fangen Sie dabei den Saft auf. Kneten Sie sie mit Hack, Brötchen, Ei, Pfeffer und Salz zu einem Teig und formen Sie daraus einen Braten.
4. Braten Sie das Fleisch in einem mit Öl erhitzten Topf auf jeder Seite knusprig. Gießen Sie Pilzwasser und Tomatensaft hinzu und lassen Sie alles abgedeckt für 30 Minuten köcheln. Wenden Sie den Braten zwischendurch.
5. Kochen Sie Salzkartoffeln und schneiden Sie die übrig gebliebenen Champignons in dünne Scheiben.
6. Nehmen Sie den Braten auf dem Topf, wickeln Sie ihn in Alufolie und lassen Sie ihn für 5 Minuten ruhen.
7. Geben Sie die Pilze in die Bratensoße und kochen Sie sie auf.
8. Vermischen Sie Sahne und Mehl und gießen Sie sie in die Soße. Nach 5 Minuten würzen Sie mit Pfeffer und Salz.
9. Servieren Sie den Braten mit Soße und Kartoffeln.

Hackbällchen mit Tomatensoße

Schwierigkeitsgrad	🍴
Portionsanzahl	③
Kalorien	570 Kcal.
Dauer	70 Min.
Lifestyle	Low Carb
Saisonalität	Frühling

Zutaten

1 ½ Zwiebeln	1 ½ Knoblauchzehen
1 Bund Basilikum	300 g Rinderhack
1 Ei	1 EL Haferflocken
Salz	Pfeffer
1 EL Olivenöl	1 ½ EL Tomatenmark
630 g Dosen-Tomaten	1 Zweig Rosmarin
1 Lorbeerblatt	150 g Makkaroni

Zubereitung

1. Würfeln Sie Knoblauch und Zwiebeln, hacken Sie das Basilikum und füllen Sie die Hälfte dieser Zutaten in eine Schüssel.
2. Fügen Sie Haferflocken, Ei, Pfeffer und Salz hinzu und kneten Sie einen Teig.
3. Dünsten Sie die übrig gebliebenen Zwiebel und den übrig gebliebenen Knoblauch in einem mit Öl erhitzten Topf an. Mischen Sie das Tomatenmark unter. Fügen Sie die gehackten Dosen-Tomaten mit dem Saft, Wasser (250 Ml), gehackten Rosmarin, Pfeffer und Salz hinzu und lassen Sie das Ganze für 40 Minuten leise kochen.
4. Formen Sie aus der Hackmasse Bällchen und backen Sie sie im Ofen für 15 Minuten (180 °C Umluft).
5. Kochen Sie die Makkaroni gemäß Packungsangabe, geben Sie die fertigen Hackbällchen in die Soße und servieren Sie.

Wildschwein mit Kartoffeln und Feigen

Schwierigkeitsgrad	🍴
Portionsanzahl	③
Kalorien	390 Kcal.
Dauer	75 Min.
Lifestyle	Diätrezept
Saisonalität	Winter

Zutaten

1 ½ EL Fenchelsaat

600 g Kartoffeln

Pfeffer

1 Bio-Zitrone

1 ½ Wildschweinfilets

1 EL Wacholderbeeren

40 Ml Wildfonds

1 Stiel Majoran

Salz

3 EL Olivenöl

110 Ml Gemüsebrühe

1 Schalotte

6 EL Balsamicoessig

3 Feigen, frisch

Zubereitung

1. Zerstoßen Sie die Fenchelsaat. Hacken Sie die Majoran-Blättchen. Halbieren Sie die gewaschenen Kartoffeln, mischen Sie sie mit Fenchel, Öl, Pfeffer und Salz und legen Sie sie mit der Schnittfläche auf ein tiefes Backblech.
2. Reiben Sie die Schale von der Zitrone und pressen Sie sie aus. Vermischen Sie den Saft mit Gemüsebrühe und der Zitronenschale und gießen Sie die Flüssigkeit zu den Kartoffeln. Backen Sie die Kartoffeln für 50 Minuten (160 °C) und wenden Sie sie zwischendurch.
3. Würzen Sie das abgespülte Fleisch mit Pfeffer und Salz. Braten Sie es in einer mit Öl erhitzten Pfanne auf jeder Seite stark an. Legen Sie das Fleisch anschließend auf ein Backblech und backen Sie es für 15 Minuten im Ofen.
4. Schälen und vierteln Sie die Schalotte, zerdrücken Sie die Wacholderbeeren und dünsten Sie diese Zutaten im Bratenfett. Fügen Sie Wildfonds, Pfeffer, Salz, Balsamicoessig und Majoran hinzu. Lassen Sie das Ganze für 5 Minuten köcheln. Anschließend geben Sie die geviertelten Feigen dazu.
5. Schneiden Sie das Fleisch und servieren Sie es mit den Kartoffeln und der Feigensoße.

Köttbullar

Schwierigkeitsgrad	🍴
Portionsanzahl	③
Kalorien	525 Kcal.
Dauer	45 Min.
Lifestyle	Low Carb
Saisonalität	Winter

Zutaten

450 g Kartoffeln

1 Schalotte

375 g Beefsteakhack

1 EL Semmelbrösel

Piment, gemahlen

3 EL Preiselbeeren

Salz

1 ½ EL Rapsöl

1 Ei

280 Ml Milch (1,5 %)

1 ½ EL Mehl

Zubereitung

1. Bereiten Sie aus den Kartoffeln Salzkartoffeln zu.
2. Würfeln Sie die geschälte Schalotte und dünsten Sie sie in etwas Öl an.
3. Verkneten Sie das Hackfleisch mit Semmelbrösel, Ei, Schalotte und Milch (6 EL). Würzen Sie das Fleisch mit Piment und Salz und formen Sie Bällchen.
4. Braten Sie die Bällchen in einer mit Öl erhitzten Pfanne an, nehmen Sie sie heraus und stellen Sie sie zur Seite.
5. Sieben Sie das Mehl in das Bratenfett und schwitzen Sie es an. Fügen Sie die übrig gebliebene Milch hinzu und lassen Sie es unter Rühren für 10 Minuten leise kochen. Legen Sie die Hackbällchen wieder hinein und servieren Sie das Ganze mit den Preiselbeeren und den Salzkartoffeln.

Zucchini-Rouladen

Schwierigkeitsgrad	🍴
Portionsanzahl	③
Kalorien	505 Kcal.
Dauer	120 Min.
Lifestyle	eiweißreich
Saisonalität	Frühling

Zutaten

- 1 ½ Zucchini
- 3 Rouladen, Rind
- Salz
- 1 ½ EL Rapsöl
- 1 TL Mehl
- 30 g Parmesan
- 3 TL Pesto
- Pfeffer
- 600 g Kartoffeln
- 40 Ml Kaffeesahne

Zubereitung

1. Schneiden Sie die gewaschenen Zucchini mithilfe eines Sparschälers in lange Streifen. Reiben Sie den Parmesan.
2. Bestreichen Sie die abgespülten Rouladen mit Pesto, legen Sie Zucchini darauf (heben Sie ein paar Streifen auf), streuen Sie Parmesan darüber, würzen Sie das Ganze mit Pfeffer und Salz und rollen Sie die Rouladen auf und fixieren Sie sie mit Zahnstochern.
3. Braten Sie das Fleisch in einem mit Öl erhitzten Topf auf jeder Seite an, fügen Sie Wasser (200 Ml) hinzu und lassen es für 90 Minuten abgedeckt köcheln.
4. Bereiten Sie in der Zwischenzeit Salzkartoffeln zu.
5. Nehmen Sie das Fleisch aus dem Topf, hacken Sie die übrig gebliebenen Zucchinistreifen und rühren Sie das mit Wasser vermischte Mehl in den Bratensud. Lassen Sie die Soße für 5 Minuten kochen und fügen Sie anschließend die Zucchini hinzu. Zum Schluss rühren Sie die Kaffeesahne unter.
6. Servieren Sie die Rouladen zusammen mit den Kartoffeln und der Soße.

Kichererbsen-Geschnetzeltes

Schwierigkeitsgrad	🍴
Portionsanzahl	③
Kalorien	540 Kcal.
Dauer	40 Min.
Lifestyle	eiweißreich
Saisonalität	Sommer

Zutaten

3 Karotten

1 ½ Zwiebeln

1 ½ EL Rapsöl

Pfeffer

1 Prise Kreuzkümmel

190 g Kichererbsen, Dose

2 EL Rosinen

2 Tomaten

260 g Putenschnitzel

Salz

1 TL Paprikapulver, edelsüß

1 Prise Zimt

150 g Couscous

Zubereitung

1. Schneiden Sie die geschälten Karotten in Scheiben. Würfeln Sie Zwiebeln und Tomaten. Schneiden Sie das abgespülte Fleisch in dünne Streifen.
2. Braten Sie das Fleisch in einer mit Öl erhitzten Pfanne an und würzen Sie mit Zimt, Paprikapulver, Pfeffer, Kreuzkümmel und Salz. Nehmen Sie das Fleisch nach 3 Minuten heraus. Lassen Sie die Kichererbsen in der Zwischenzeit abtropfen.
3. Bereiten Sie den Couscous gemäß Packungsanleitung zu, geben Sie anschließend Rosinen und Kichererbsen dazu und lassen Sie alles für 5 Minuten garen.
4. Dünsten Sie die Zwiebeln an, fügen Sie die Karotten und etwas Wasser hinzu und lassen Sie das Ganze für 10 Minuten leise kochen. Mischen Sie anschließend für 5 Minuten die Tomaten darunter. Geben Sie das Fleisch wieder dazu, würzen Sie mit Pfeffer und Salz und servieren Sie das Geschnetzelte mit Couscous.

Gefüllte Zucchini

Schwierigkeitsgrad	🍴
Portionsanzahl	③
Kalorien	350 Kcal.
Dauer	95 Min.
Lifestyle	ballaststoffreich
Saisonalität	Sommer

Zutaten

55 g Bulgur

3 Zucchini, rund

1 Schalotte

40 g Parmesan

225 g Rinderhack

Salz

150 Ml Gemüsebrühe

1 ½ Tomaten

½ Bund gehackter Rosmarin

1 EL Olivenöl

40 g Frischkäse

Pfeffer

Zubereitung

1. Kochen Sie die Brühe auf und vermischen Sie sie mit Bulgur. Lassen Sie das Ganze für 20 Minuten ruhen.
2. Schneiden Sie den Deckel von den gewaschenen Zucchini ab, höhlen Sie sie aus und hacken Sie das Fruchtfleisch. Überbrühen Sie die Tomaten, häuten Sie sie und würfeln Sie die Tomaten. Legen Sie eine Hälfte der Tomaten zur Seite. Hacken Sie die geschälte Schalotte und den Rosmarin. Reiben Sie den Parmesan.
3. Braten Sie das Rinderhack mit der Schalotte in einer mit Öl erhitzten Pfanne.
4. Vermischen Sie das Fleisch mit Frischkäse, Rosmarin, Bulgur, Parmesan und Gemüse. Würzen Sie es mit Pfeffer und Salz, befüllen Sie damit die Zucchini und setzen Sie die Deckel darauf.
5. Stellen Sie die Zucchini in eine Auflaufform, verteilen Sie darin die übrig gebliebenen Tomaten und das Fruchtfleisch der Zucchini. Backen Sie sie für 25 Minuten (140 °C Umluft).

Low Carb

Minestrone

Schwierigkeitsgrad	🍴
Portionsanzahl	③
Kalorien	360 Kcal.
Dauer	45 Min.
Lifestyle	Low Carb
Saisonalität	Herbst

Zutaten

75 g Buchstabennudeln, bunt
1 Karotte
112 g Blumenkohl
1 Zwiebel
Pfeffer
125 g Kalbsbrät
50 g TK-Erbsen
Salz
1 Zucchini
1 Knoblauchzehe
1 EL Olivenöl
750 Ml Gemüsebrühe
215 g helle Bohnen (Dose)
25 g Parmesan

Zubereitung

1. Kochen Sie die Nudeln gemäß Packungsanleitung.
2. Würfeln Sie die geschälte Karotte und die geschälte Zucchini. Putzen Sie den Blumenkohl und zerlegen Sie ihn in seine Röschen. Würfeln Sie Zwiebel und Knoblauch.
3. Dünsten Sie Knoblauch und Zwiebel in einer mit Öl erhitzten Pfanne für 2 Minuten an. Fügen Sie Karotten, Blumenkohl und Zucchini hinzu. Würzen Sie das Gemüse mit Pfeffer und Salz und gießen Sie die Brühe dazu. Lassen Sie das Gemüse für 10 Minuten leise kochen.
4. Formen Sie aus dem Kalbsbrät Bällchen und geben Sie sie zu dem Gemüse. Fügen Sie anschließend Nudeln, Erbsen und Bohnen hinzu, würzen nochmals mit Pfeffer und Salz und lassen das Ganze aufkochen.
5. Servieren Sie die Suppe mit geriebenem Parmesan.

Spitzkohlauflauf mit Karotten

Schwierigkeitsgrad	🍴
Portionsanzahl	③
Kalorien	410 Kcal.
Dauer	50 Min.
Lifestyle	Low Carb
Saisonalität	Frühling

Zutaten

565 g Spitzkohl

Salz

150 g Schmand

135 g Gorgonzola

Muskat

1 Bund Karotten

75 Ml Gemüsebrühe

20 g Parmesan

Pfeffer

6 Stiele Schnittlauch

Zubereitung

1. Halbieren die den geputzten und vom Strunk befreiten Spitzkohl und schneiden Sie ihn in dünne Streifen. Blanchieren Sie ihn zusammen mit den geschälten Karotten für 5 Minuten in Salzwasser.
2. Vermischen Sie Schmand und Gemüsebrühe. Reiben Sie den Parmesan und würfeln Sie den Gorgonzola. Fügen Sie die Hälfte der beiden Käsesorten der Soße hinzu und würzen Sie sie mit Muskat, Pfeffer und Salz.
3. Befüllen Sie 3 Förmchen mit dem Gemüse, fügen Sie die Soße hinzu und geben Sie den übrig gebliebenen Käse darüber. Backen Sie das Ganze für 30 Minuten (170 °C Umluft).
4. Hacken Sie den Schnittlauch und garnieren Sie damit den Auflauf.

Pfifferling-Ragout

Schwierigkeitsgrad	🍴
Portionsanzahl	③
Kalorien	150 Kcal.
Dauer	30 Min.
Lifestyle	Low Carb
Saisonalität	Herbst

Zutaten

600 g Pfifferlinge

1 Knoblauchzehe

1 EL Dinkelvollkornmehl

150 Ml Milch (3,5 %)

Pfeffer

1 ½ EL Crème fraîche

1 Zwiebel

1 EL Butter

1 Zitrone

Salz

Muskat

1 EL gehackte Petersilie

Zubereitung

1. Putzen Sie die Pfifferlinge.
2. Würfeln Sie Knoblauch und Zwiebel. Pressen Sie die Zitrone aus.
3. Dünsten Sie die Pfifferlinge in einer mit Butter erhitzten Pfanne und stellen Sie sie zur Seite. Dünsten Sie Knoblauch und Zwiebel, bestäuben Sie sie mit Mehl und rühren Sie den Zitronensaft hinein. Fügen Sie die Milch hinzu und lassen Sie das Ganze für 5 Minuten leise kochen. Würzen Sie mit Pfeffer, Muskat und Salz und geben Sie Crème fraîche und die Pilze dazu.
4. Richten Sie das Ragout mit der gehackten Petersilie an.

Fenchel-Lachs

Schwierigkeitsgrad	🍴
Portionsanzahl	③
Kalorien	645 Kcal.
Dauer	55 Min.
Lifestyle	Low Carb
Saisonalität	Sommer

Zutaten

1 Bio-Zitrone

Salz

3 Fenchelknollen

2 EL Rapsöl

150 g Couscous

115 g saure Sahne

3 Lachssteaks

Pfeffer

1 Bund Dill

½ TL Kreuzkümmel

2 cm Meerrettich, frisch

Zubereitung

1. Reiben Sie die Schale der Zitrone und pressen Sie sie aus. Spülen Sie den Lachs ab, legen Sie ihn in eine Auflaufform, gießen Sie den Saft der halben Zitrone darüber, bestreuen Sie ihn mit der Zitronenschale, würzen Sie ihn mit Pfeffer und Salz und stellen Sie ihn für 15 Minuten in den Kühlschrank.
2. Schneiden Sie den gewaschenen und halbierten Fenchel in dünne Streifen und hacken Sie den Dill.
3. Dünsten Sie den Fenchel in einer mit Öl erhitzten Pfanne für 4 Minuten an, würzen Sie ihn mit Pfeffer und Salz und lassen Sie ihn für 15 Minuten leise kochen. Rösten Sie in der Zwischenzeit den Kreuzkümmel an.
4. Bereiten Sie den Couscous gemäß Packungsanleitung zu.
5. Geben Sie den Fisch auf den Fenchel und lassen Sie ihn abgedeckt für 10 Minuten dünsten.
6. Reiben Sie den geschälten Meerrettich. Richten Sie den Fisch auf Teller an, rühren Sie saure Sahne, Dill, Pfeffer, Salz, Meerrettich und den übrig gebliebenen Zitronensaft unter das Gemüse und reichen es zusammen mit dem Couscous zum Fisch.

Karibische Bananensuppe

Schwierigkeitsgrad	🍴
Portionsanzahl	③
Kalorien	270 Kcal.
Dauer	50 Min.
Lifestyle	Low Carb
Saisonalität	Winter

Zutaten

1 Zwiebel

1 Karotte

1 ½ Knoblauchzehen

2 EL Sesamöl

150 Ml Gemüsebrühe

1 Döschen Safranpulver

1 Staudensellerie

1 Chilischote

1 ½ Kochbananen

150 Ml Orangensaft

150 Ml Kokosmilch

Cayennepfeffer

Zubereitung

1. Hacken Sie die geschälte Zwiebel. Schneiden Sie den geputzten Sellerie und die geschälte Karotte in dünne Scheiben. Hacken Sie die entkernte Chilischote und den Knoblauch. Würfeln Sie die geschälten Kochbananen. Dünsten Sie diese Zutaten in einem mit Sesamöl erhitzten Topf an und fügen Sie anschließend Kokosmilch, Orangensaft und Gemüsebrühe hinzu.
2. Lassen Sie die Suppe für 20 Minuten leise kochen und pürieren Sie sie. Würzen Sie die Suppe vor dem Anrichten mit Salz, Safran und Cayennepfeffer.

Bohnensalat

Schwierigkeitsgrad	🍴
Portionsanzahl	③
Kalorien	520 Kcal.
Dauer	235 Min.
Lifestyle	Low Carb
Saisonalität	Sommer

Zutaten

7 Tomaten, kleine

1 ½ Knoblauchzehen

Salz

Rohrzucker

3 EL Rotweinessig

1 Bund Rucola

6 Vollkorn-Grissini

1 Stiel Basilikum

4 ½ EL Olivenöl

Pfeffer

1 ½ Gemüsezwiebeln

640 g weiße Bohnen (Dose)

3 Scheiben Parmaschinken

Zubereitung

1. Halbieren Sie die gewaschenen Tomaten und entkernen Sie sie. Hacken Sie das Basilikum und schneiden Sie den geschälten Knoblauch in dünne Scheiben. Mischen Sie diese beiden Zutaten mit Pfeffer, Salz, etwas Zucker und etwas Olivenöl und befüllen Sie damit die Tomaten. Geben Sie die Tomaten auf ein Rost und dörren Sie sie für 1,5 Stunden im Ofen (100 °C Umluft).
2. Schneiden Sie die geschälten Zwiebeln in breite Scheiben und grillen Sie sie in einer mit Öl bestrichenen Grillpfanne 5 Minuten je Seite. Vermischen Sie die Zwiebeln anschließend in einer Schüssel mit Essig.
3. Spülen Sie die Bohnen ab und fügen Sie sie zusammen mit den Tomaten zu den Zwiebeln hinzu. Vermischen Sie das Ganze mit dem übrig gebliebenen Öl, Pfeffer und Salz.
4. Waschen Sie den Rucola, verteilen Sie ihn in Schalen und fügen Sie den Bohnensalat hinzu. Reichen Sie dazu die mit dem Parmaschinken umwickelten Grissini.

Tomaten-Salat mit Mango

Schwierigkeitsgrad	🍴
Portionsanzahl	③
Kalorien	300 Kcal.
Dauer	15 Min.
Lifestyle	Low Carb
Saisonalität	Frühling

Zutaten

3 Strauchtomaten	Salz
1 ½ Mango	190 g Mozzarella
4 Stiele Minze	3 EL Wasabi-Erbsen
4 EL Sweet-Chili-Soße	3 EL Limettensaft

Zubereitung

1. Schneiden Sie die gewaschenen Tomaten in Scheiben und würzen Sie sie mit Salz. Schneiden Sie die entsteinten Mangos in Spalten. Schneiden Sie den halbierten Mozzarella in Scheiben.
2. Zupfen Sie die Blätter der Minze ab.
3. Richten Sie Tomaten, Mozzarella und Mango abwechselnd auf Tellern an und garnieren Sie sie mit Minzeblättern. Gießen Sie die mit Limettensaft vermischte Sweet-Chili-Soße darüber und fügen Sie die gehackten Wasabi-Erbsen hinzu.

Vegane Rezepte

Bärlauch Hummus

Schwierigkeitsgrad	🍴
Portionsanzahl	③
Kalorien	260 Kcal.
Dauer	15 Min.
Lifestyle	vegan / eiweißreich
Saisonalität	Sommer

Zutaten

- 330 g Kichererbsen
- 1 Bund Bärlauch
- Salz
- Pfeffer
- Paprikapulver
- 1 TL Kümmel
- 1 EL Zitronensaft
- 2 EL Olivenöl
- 1 EL Tahini-Paste

Zubereitung

1. Die Kichererbsen in ein Sieb gießen und mit klarem Wasser abspülen. Die Kichererbsen in einen Mixer geben und zerkleinern.
2. Zitronensaft, Öl, Tahini und Kümmel mit Salz und Pfeffer sowie dem Paprikapulver zugeben und mixen.
3. Den Bärlauch waschen und trocknen. Vorsichtig zerhacken und in den Mixer geben.
4. Nun nochmals mixen und alles in Schüsseln füllen.

Kokos Curry

Schwierigkeitsgrad	🍴
Portionsanzahl	③
Kalorien	380 Kcal.
Dauer	30 Min.
Lifestyle	vegan / ballaststoffreich
Saisonalität	Frühling

Zutaten

1 Aubergine

1 TL Currypulver

1 Ingwerknolle

1 Möhre

1 Schalotte

Pfeffer

1 Knoblauchzehe

1 Zucchini

370 Ml Kokosmilch

400 g Kichererbsen Salz

1 EL Kokosöl

Zubereitung

1. Alle Gemüsesorten waschen und putzen und in Würfel schneiden.
2. Knoblauch, Schalotten und Ingwer schälen und fein hacken.
3. Kichererbsen abtropfen lassen.
4. In einer Pfanne Öl erhitzen und Knoblauch, Schalotten und Ingwer andünsten. Gemüsewürfel zugeben und entsprechend 10 Minuten dünsten.
5. Kichererbsen zugeben und 5 Minuten mit braten. Mit Kokosmilch ablöschen und 5 Minuten kochen.

Kürbis geschmort

Schwierigkeitsgrad	🍴
Portionsanzahl	③
Kalorien	90 Kcal.
Dauer	45 Min.
Lifestyle	vegetarisch / fettarm
Saisonalität	Herbst

Zutaten

1 Kürbis

1 Bund Petersilie

Pfeffer

3 Knoblauchzehen

4 Tomaten

300 Ml Gemüsebrühe

Salz

¾ Bund Salbei

150 g Couscous

3 EL Olivenöl

1 Zitrone

Zubereitung

1. Den Kürbis waschen, entkerne und in Spalten schneiden.
2. Salbei von den Stielen entfernen und den Knoblauch klein hacken.
3. Die Zitrone auspressen.
4. Die Kürbisspalten, der Knoblauch, das Salbei zusammen in eine Auflaufform geben. Mit Salz und Pfeffer würzen.
5. Öl mit dem Zitronensaft vermengen und darüber geben. Kürbis bei 180 Grad 30 Minuten backen.
6. Brühe in einem Topf erhitzen und Couscous zugeben. Diesen nach Anleitung kochen.
7. Tomaten und Petersilien zerkleinern und zu dem fertigen Couscous geben.
8. Zusammen mit dem Kürbis servieren.

Schneller Gemüseeintopf

Schwierigkeitsgrad	🍴
Portionsanzahl	③
Kalorien	95 Kcal.
Dauer	25 Min.
Lifestyle	vitaminreich / vegan
Saisonalität	Sommer

Zutaten

1 Kohlrabi

Petersilie

300 Ml Gemüsebrühe

Salz

Pfeffer

3 TL rote Linsen

3 Möhren

3 Frühlingszwiebeln

1 TL Rapsöl

Zubereitung

1. Möhren und Kohlrabi waschen, schälen und würfeln. Zwiebeln in Ringe schneiden.
2. Öl in einem Topf erhitzen und das Gemüse anbraten.
3. 100 Ml Wasser in den Topf geben und die Linsen zugeben. Zum Kochen bringen und 10 Minuten kochen.
4. Gemüsebrühe zugeben und mit Salz und Pfeffer würzen. Schlussendlich mit Petersilie abschmecken.

Jamaikanische Kürbissuppe (mit 📷)

Schwierigkeitsgrad	🍴
Portionsanzahl	③
Kalorien	115 Kcal.
Dauer	45 Min.
Lifestyle	vegan
Saisonalität	Herbst

Zutaten

450 g Kürbis	300 Ml Gemüsebrühe
1 Zwiebel	300 Ml Kokosmilch
1 Knoblauchzehe	Salz
1 EL Pflanzenöl	Pfeffer

Zubereitung

1. Als erstes den Kürbis von den Kernen befreien und dann würfeln.
2. Zwiebeln und Knoblauch fein hacken und dann mit dem Kürbis zusammen in Öl anschwitzen.
3. Mit der Brühe ablöschen und die Milch zugeben. Das alles 30 Minuten köcheln lassen und mit Salz und Pfeffer abschmecken.

Zu diesem Rezepte gibt es ein Bild von einer Kooperationspartnerin auf Instagram. Scannen Sie mit Ihrem Smartphone den QR-Code ein. Alternativ können Sie folgenden Link eingeben:

http://bit.ly/JamaikaKuerbisSuppe[17]

[17] http://bit.ly/JamaikaKuerbisSuppe

Schnelles Gurkengemüse

Schwierigkeitsgrad	🍴
Portionsanzahl	③
Kalorien	320 Kcal.
Dauer	50 Min.
Lifestyle	fettarm / vegan
Saisonalität	Sommer

Zutaten

750 g Schmorgurken	40 g Mandelkerne
130 g Couscous	¾ Fenchelknolle
1 EL Olivenöl	Salz
1 Staudensellerie	100 Ml Gemüsebrühe
1 Stange Lauch	1 Knoblauchzehe

Zubereitung

1. Die Gurke waschen, halbieren und entkernen. Die Gurkenhälften in Scheiben schneiden.
2. Sellerie und Fenchel waschen und in Streifen schneiden.
3. Den Lauch in Scheiben schneiden und die Mandeln hacken.
4. Öl in einer Pfanne erhitzen, den Sellerie und die Gurken andünsten. Brühe, Fenchel und Lauch zugeben und alles bei mittlerer Hitze 10 Minuten kochen lassen.
5. Den Couscous nach Anleitung kochen und den Knoblauch durch eine Presse drücken und zugeben.
6. Mandeln zum Couscous nach Zubereitung zugeben und mit Salz abschmecken. Anschließend mit den Gurken servieren.

Mangosmoothie

Schwierigkeitsgrad	🍴
Portionsanzahl	③
Kalorien	515 Kcal.
Dauer	25 Min.
Lifestyle	vegan
Saisonalität	Sommer

Zutaten

4 Möhren

225 Ml Sojacreme

Pfeffer

3 EL Olivenöl

180 Ml Gemüsebrühe

Salz

1 Zucchini

1 Stange Lauch

220 g Vollkornnudeln

Zubereitung

1. Möhren und Zucchini waschen und schälen und anschließend mit dem Sparschäler in dünne Scheiben schneiden.
2. Lauch putzen, halbieren und die Blätter voneinander trennen.
3. Nudeln wie gewohnt kochen.
4. Öl in einer Pfanne erhitzen und die Zucchini und die Möhren anbraten.
5. Lauch mit zur Pfanne geben.
6. Gemüsebrühe und Sojacreme vermengen und aufkochen lassen. Alles auf den Tellern anrichten und würzen und schlussendlich die Soße verteilen.

Kartoffeln

Kartoffeln geschmort mit Lachs

Schwierigkeitsgrad	🍴
Portionsanzahl	③
Kalorien	325 Kcal.
Dauer	45 Min.
Lifestyle	Diätrezept
Saisonalität	Frühling

Zutaten

- 190 g grüne Bohnen
- 150 g Räucherlachs
- 600 Ml Gemüsebrühe
- 1 Zwiebel
- Salz
- 6 festkochende Kartoffeln
- 150 g dicke Bohnen
- 4 TL Meerrettichfrischkäse
- 1 EL Rapsöl
- Pfeffer

Zubereitung

1. Die dicken Bohne mit heißem Wasser übergießen und die stehen lassen. In dieser Zeit die grünen Bohnen in Stücke schneiden.
2. Bohnenkernen aus den dicken Bohnen entfernen und die Zwiebel würfeln.
3. Kartoffeln schälen und in Würfel schneiden. Die Gemüsebrühe zum Kochen bringen.
4. Öl in der Pfanne erhitzen und die Zwiebeln braten. Die Kartoffeln zugeben und mitbraten.
5. Würzen und mit so viel Brühe ablöschen, bis die Kartoffeln bedeckt sind.
6. Nach 5 Minuten die grünen Bohnen in die Pfanne geben. Nochmals 5 Minuten köcheln und dann die dicken Bohnen zugeben.
7. Räucherlachs in Stücke schneiden und mit zu den Kartoffeln geben. Alles Würzen und Servieren.

Griechische Kartoffeln

Schwierigkeitsgrad	🍴
Portionsanzahl	③
Kalorien	370 Kcal.
Dauer	45 Min.
Lifestyle	Diätrezept
Saisonalität	Frühling

Zutaten

1 Zwiebel

3 Stangen Sellerie

Salz

1 kleiner Zweig Rosmarin

60 g schwarze Oliven

Petersilie

¾ Zitrone 150 Ml Gemüsefond

3 EL Olivenöl

750 g Kartoffeln

Pfeffer

75 g Schafskäse

Zubereitung

1. Zuerst die Zwiebeln schneiden und den Sellerie in Stücke teilen. Kartoffeln schälen und in Spalten schneiden.
2. Die Zitrone halbieren und auspressen. Die Rosmarin Nadeln vom Zweig trennen.
3. Öl in einer Pfanne erhitzen und die Kartoffelspalten darin mit den Zwiebeln braten. Den Rosmarin zugeben. Mit Salz und Pfeffer würzen.
4. Den Fond zugießen und 12 Minuten kochen lassen.
5. Sellerie und Zitronensaft zugeben und weitere 8 Minuten köcheln.
6. Schafskäse und Oliven würfeln und mit zu den Kartoffeln geben.
7. Achtung: Die gesamte Flüssigkeit muss verschwinden.
8. Anschließend noch würzen und servieren.

Kartoffelsuppe mit Möhren

Schwierigkeitsgrad	🍴
Portionsanzahl	③
Kalorien	270 Kcal.
Dauer	30 Min.
Lifestyle	vitaminreich
Saisonalität	Sommer

Zutaten

1 Zwiebel	6 Kartoffeln
Pfeffer	1 Ingwerwurzel
3 EL Olivenöl	600 Ml Gemüsebrühe
6 Möhren	Salz
450 g Spargel	3 Orangen

Zubereitung

1. Zu erste die Zwiebel und den Ingwer schälen und Kartoffeln folgen lassen.
2. Kartoffeln und die Möhren in Würfel schneiden und den Ingwer mit der Zitrone klein hacken.
3. Öl in einem Topf erhitzen und alles zugeben und leicht andünsten.
4. Brühe aufkippen und 12 Minuten köcheln lassen.
5. Spargel schälen und in dünne Spalten schneiden. Diesen in der Pfanne mit Öl anbraten.
6. Die Orangen auspressen und 150 Ml Saft abmessen
7. Alles in den Topf geben und mit dem Stabmixer vermengen.

Bohnen-Kartoffel-Salat

Schwierigkeitsgrad	🍴
Portionsanzahl	③
Kalorien	250 Kcal.
Dauer	90 Min.
Lifestyle	vitaminreich
Saisonalität	Sommer

Zutaten

500 g Kartoffeln
190 g Dickmilch
220 g grüne Bohnen
Salz
Pfeffer
112 Ml Gemüsebrühe
1 TL Kümmel
1 EL Weißweinessig
1 kleiner Apfel

Zubereitung

1. Kartoffeln schälen und mit dem Kümmel in Salzwasser 25 Minuten garen.
2. Bohnen waschen und in dünne Streifen oder Ringe schneiden.
3. Gemüsebrühe bitte in einem Topf erhitzen und die Bohnen dazugeben. Diese 12 Minuten garen.
4. Kartoffeln in Spalten schneiden und mit den Bohnen und der Brühe in eine Schüssel geben.
5. Abkühlen lassen und in dieser Zeit den Apfel entkernen und in schmale Spalten schneiden.
6. Dickmilch mit Salz und Pfeffer oder Gewürzen nach Wunsch und dem Essig vermengen und zum Bohnen Kartoffel Salat geben.30 Minuten durchziehen lassen.

Kartoffelpfanne

Schwierigkeitsgrad	🍴
Portionsanzahl	③
Kalorien	390 Kcal.
Dauer	80 Min.
Lifestyle	vitaminreich
Saisonalität	Sommer

Zutaten

600 g Kartoffeln	180 g Kirschtomaten
Chiliflocken	Salz
40 g Sauerampfer	Öl
1 Zwiebel	Pfeffer

Zubereitung

1. Die Kartoffeln bitte vorkochen und abkühlen lassen.
2. Danach die Kartoffeln pellen und halbieren.
3. Die Zwiebel schneiden und die Tomaten halbieren.
4. Nehmen Sie den Sauerampfer zur Hand und beginnen Sie diesen klein zu schneiden.
5. Öl in der Pfanne erhitzen und die Kartoffeln, Zwiebeln 4-5 Minuten braten.
6. Kirschtomaten zugeben und 1 Minute mitbraten.
7. Anschließend auf einem Teller servieren und mit dem Sauerampfer garnieren.

Simple Kartoffeln gebacken

Schwierigkeitsgrad	🍴🍴
Portionsanzahl	③
Kalorien	240 Kcal.
Dauer	60 Min.
Lifestyle	laktosefrei
Saisonalität	Herbst

Zutaten

750 g Kartoffeln
4 TL Olivenöl
Salz
3 Knoblauchzehen
3 Auberginen
1 Zitrone
1 Bund Basilikum
Pfeffer

Zubereitung

1. Die Kartoffeln waschen und in Spalten schneiden.
2. Die Kartoffeln vorsichtig auf ein Backblech mit Backpapier und vorsichtig die Schnittflächen mit Olivenöl bestreichen. Salz nicht vergessen.
3. Die Kartoffelspalten bei 180 Grad 15 Minuten im Ofen garen.
4. Den Knoblauch schälen und feinhacken.
5. Die Aubergine waschen, halbieren und die Schnittfläche einschneiden. Mit Knoblauch und Salz bestreuen.
6. Die Aubergine mit in den Ofen legen und nochmals 30 Minuten backen.
7. Die Aubergine aus dem Ofen nehmen und das Fruchtfleisch auslösen. Dieses Fruchtfleisch mit dem Stabmixer vermengen und pürieren.
8. Zitronen auspressen und mit dem Basilikum vermengen. Das nun zum Auberginen Püree geben und alles zu den Kartoffeln servieren.

Grünkohl-Kartoffelsuppe

Schwierigkeitsgrad	🍴
Portionsanzahl	③
Kalorien	270 Kcal.
Dauer	70 Min.
Lifestyle	laktosefrei
Saisonalität	Winter

Zutaten

260 g Grünkohl frisch

1 EL Paprikapulver

95 g Chorizo

Salz

Pfeffer

1 Zwiebel

370 g Kartoffeln

560 g Gemüsebrühe

1 EL Olivenöl

Zubereitung

1. Den Grünkohl mehrfach waschen und trocken schütteln. Den Kohl in Streifen schneiden.
2. Den Grünkohl in kochendes Salzwasser geben und 5 Minuten kochen. Danach herausnehmen und abkühlen lassen.
3. Kartoffeln schälen und schneiden und in kaltes Wasser legen.
4. Zwiebeln schälen und würfeln und den Chorizo in Würfel schneiden.
5. Öl in einem Topf erhitzen und den Chorizo darin anbraten. Aus dem Öl nehmen und beiseitestellen.
6. Zwiebeln, Kartoffeln in den Topf anbraten. Mit Paprika würzen und die Brühe zugeben. Das alles 15 Minuten köcheln lassen.
7. Die Kartoffeln pürieren und den Grünkohl zugeben. Nochmals alles Pürieren und den Chorizo zugeben. Danach gut würzen.

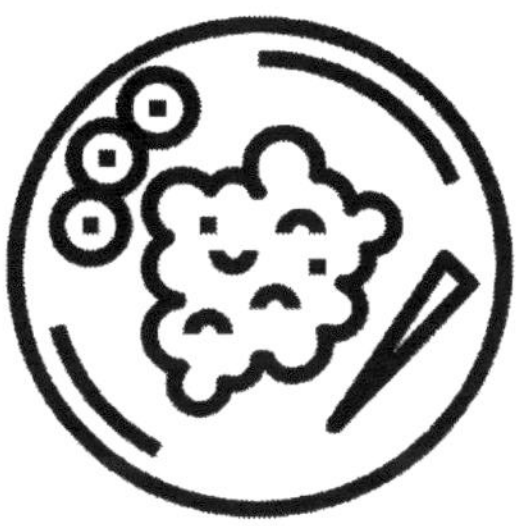

Reis

Reis-Zucchinipuffer

Schwierigkeitsgrad	🍴
Portionsanzahl	③
Kalorien	320 Kcal.
Dauer	45 Min.
Lifestyle	ballaststoffreich
Saisonalität	Frühling

Zutaten

75 g Vollkornreis
1 Ei
½ Bund Petersilie
1 Zucchini
Paprikapulver
1 EL Öl
¾ Stück Käse ca. 40g
Salz
2 EL Mehl
2 Stiele Minze
Pfeffer

Zubereitung

1. Reis wie gewohnt kochen. Zucchini beinehmen und schälen.
2. Anschließend die Zucchini raspeln. Etwas Salz beifügen und 10 Minuten ziehen lassen.
3. Petersilie und Minze waschen, zerkleinern und Käse reiben.
4. Zucchini abtropfen lassen, mit Ei, Käse, Mehl und Kräutern vermengen.
5. Reis abschrecken und zugeben. Paprikapulver nicht vergessen.
6. Alles miteinander vermengen. Öl in einer Pfanne erhitzen und platte Puffer formen.
7. Anschließend die Puffer in der Pfanne anbraten.

Reis-Apfelpuffer (mit 📷)

Schwierigkeitsgrad	🍴
Portionsanzahl	③
Kalorien	450 Kcal.
Dauer	80 Min.
Lifestyle	vitaminreich
Saisonalität	Frühling

Zutaten

45 g Vollkornreis

1 EL Rapsöl

1 EL Aprikosenkonfitüre

1 EI

45 g Buchweizenmehl

1 Orange

40 g Milchreis

Salz

1 süßer Apfel

Zubereitung

1. Reis wie gewohnt kochen. Das gilt für beide Reissorten. Wobei der Milchreis in 250 Ml Wasser 25 Minuten kochen sollte.
2. Äpfel schälen und reiben und die Orange auspressen. 3 EL des Saftes mit dem Apfel vermengen.
3. Konfitüre, Eier und Buchweizenmehl unter den Apfel mischen. Alles gut vermengen.
4. Den Reis abgießen und etwas abkühlen lassen.
5. Nun den Reis zum Apfel beifügen.
6. Öl in einer Pfanne erhitzen und die Puffer nach Wunsch formen und in der Pfanne braten.

Zu diesem Rezepte gibt es ein Bild von einer Kooperationspartnerin auf Instagram. Scannen Sie mit Ihrem Smartphone den QR-Code ein. Alternativ können Sie folgenden Link eingeben:

http://bit.ly/ReisApfelPuffer[18]

[18] http://bit.ly/reisapfelpuffer

Joghurtreis

Schwierigkeitsgrad	🍴
Portionsanzahl	③
Kalorien	430 Kcal.
Dauer	25 Min.
Lifestyle	vitaminreich
Saisonalität	Frühling

Zutaten

150 g Basmatireis

3 Orangen

300 g Joghurt

1 TL Honig

1 Apfel

1 Banane

1 Kiwi

Zubereitung

1. Reis wie gewohnt kochen.
2. Orangen bitte auspressen. Mischen Sie dann Joghurt, Honig und den O-Saft,
3. Die 2. Orange bitte schälen und die Orangen Viertel abtrennen.
4. Apfel und Banane und die Kiwis schälen und in Würfel schneiden.
5. Reis abkippen und unter den Joghurt mischen. Mit dem Obst servieren.

Bohnen-Kartoffel-Salat

Schwierigkeitsgrad	🍴
Portionsanzahl	③
Kalorien	250 Kcal.
Dauer	100 Min.
Lifestyle	glutenfrei
Saisonalität	Sommer

Zutaten

150 g Vollkornreis
1 EL Olivenöl
1 TL Apfeldicksaft
4 EL Gemüsebrühe
75 g Lollo Bionada
75 g Kirschtomaten
2 EL Rotweinessig
Salz
112 g Zuckerschoten
Pfeffer
1 Handvoll Spinat

Zubereitung

1. Reis nach Packungsbeilage kochen. Danach 40 Minuten abkühlen lassen.
2. Gemüsebrühe, mit Essig, Apfeldicksaft und Gewürze mischen.
3. Zuckerschoten in Salzwasser kochen und danach in kleine Streifen schneiden.
4. Lollo bionada und Spinat waschen und in Stücke zupfen.
5. Kirschtomaten halbieren und mit dem Salat vermischen.
6. Öl Mischung zugeben und den Reis unterheben.

Reisomelett mit Kokos

Schwierigkeitsgrad	🍴
Portionsanzahl	③
Kalorien	280 Kcal.
Dauer	60 Min.
Lifestyle	proteinreich
Saisonalität	Sommer

Zutaten

45 g Vollkornreis

Salz

1 EL Kokosraspeln

3 Eier

3 EL Milch

300 g Heidelbeere

3 TL Öl

3 TL brauner Zucker

Zubereitung

1. Reis wie gewohnt kochen und 30 Minuten ziehen lassen.
2. Heidelbeeren reinigen du gut abtropfen lassen.
3. Milch, Kokosraspeln und Reis mit Zucker und Salz vermengen.
4. Öl in der Pfanne erhitzen und den Teig portionsweise braten.
5. Mit Heidelbeeren belegen und fertig.

Gemüsereis

Schwierigkeitsgrad	🍴
Portionsanzahl	③
Kalorien	230 Kcal.
Dauer	60 Min.
Lifestyle	vitaminreich
Saisonalität	Sommer

Zutaten

1 Bio Orange	1 Bund Radieschen
1 EL Keimöl	450 Ml Gemüsebrühe
3 EL Obstessig	75 g Kassler-Aufschnitt
112 g Vollkornreis	Salz
¾ Salatgurke	Pfeffer

Zubereitung

1. Die Orangen halbieren Sie bitte und pressen diese aus.
2. Gemüsebrühe auskochen und den Reis zugeben. Und bei leichter Hitze 25 Minuten köcheln.
3. Die Gurken bitte halbieren und ausschaben. Danach die Gurke in dünne Scheiben schneiden.
4. Radieschen waschen und in dünne Scheiben schneiden.
5. Den Orangensaft mit Essig, Salz und Pfeffer sowie Öl vermengen und zum abgekühlten Reis geben.
6. Gurken und Radieschen zugeben und unterheben. Anschließend den Kassler Aufschnitt schneiden und zugeben.

Reisauflauf

Schwierigkeitsgrad	🍴
Portionsanzahl	③
Kalorien	405 Kcal.
Dauer	70 Min.
Lifestyle	vitaminreich
Saisonalität	Herbst

Zutaten

450 Ml Gemüsebrühe

1 Ei

1 Kohlrabi

150 g Vollkornreis

Pfeffer

150 g Joghurt

3 Möhren

1 Knoblauchzehe

Salz

370 g Brokkoli

75 g Reibekäse

Zubereitung

1. In der Gemüsebrühe den Reis kochen.
2. Den Knoblauch schälen und durch die Knoblauchpresse in die Gemüsebrühe geben.
3. Reis gute 25 Minuten kochen.
4. Kohlrabi und Möhren schälen und klein schneiden.
5. Brokkoli waschen und Röschen abtrennen und in 5 cm dicke Scheiben schneiden.
6. Das Gemüse zusammen in einem Topf garen.
7. Reis abtropfen lassen und mit dem Gemüse vermengen. Alles in eine Auflaufschüssel geben. (Gemüsebrühe auffangen)
8. Ei, die aufgefangene Gemüsebrühe und Salz mit Pfeffer vermengen.
9. Diese Brühe über das Gemüse geben und die Auflaufform bei 200 Grad in den Ofen geben. Nach 35 Minuten ist alles fertig.
10. Joghurt mit Gewürzen mischen und zum Auflauf servieren.

Backen

Quark-Brötchen mit Sesam

Schwierigkeitsgrad	🍴
Portionsanzahl	③
Kalorien	120 Kcal.
Dauer	70 Min.
Lifestyle	cholesterinarm
Saisonalität	Frühling

Zutaten

30 g Butter	250 g Quark
1 Ei	1 TL Salz
250 g Dinkel-Vollkornmehl	1 Päckchen Backpulver
2 EL Milch (3,5 %)	4 EL Sesam

Zubereitung

1. Schmelzen Sie die Butter und lassen Sie sie etwas auskühlen.
2. Vermischen Sie Butter, Salz, Quark und Ei. Fügen Sie Backpulver und Mehl hinzu und verkneten Sie das Ganze.
3. Decken Sie den Teig ab und lassen Sie ihn für 10 Minuten stehen.
4. Formen Sie den Teig zu einer Rolle und schneiden Sie ihn in 15 Portionen. Formen Sie aus den Portionen Brötchen, die Sie auf ein Backblech mit Backpapier legen. Schneiden Sie die Brötchen kreuzweise ein, bestreichen Sie sie mit Milch und streuen Sie Sesam darüber. Decken Sie die Brötchen für 10 Minuten ab.
5. Geben Sie die Brötchen in den Ofen, schieben Sie ein mit 250 Ml befülltes Backblech in die Schiene darunter und backen Sie die Brötchen für 25 Minuten (160 °C Umluft).

Guglhupf mit Pfirsich

Schwierigkeitsgrad	🍴
Portionsanzahl	③
Kalorien	200 Kcal.
Dauer	150 Min.
Lifestyle	Diätrezept
Saisonalität	Frühling

Zutaten

4 Pfirsiche

130 g Joghurtbutter

120 g Rohrzucker

20 g Mohn, gemahlen

5 EL Weizen-Vollkornmehl

70 Ml Buttermilch

5 EL Puderzucker

1 Bio-Zitrone

1 Prise Salz

3 Eier

230 g Weizenmehl

3 TL Weinstein-Backpulver

2 EL Semmelbrösel

Zubereitung

1. Würfeln Sie die gewaschenen und entsteinten Pfirsiche, reiben Sie die Schale der Zitrone und pressen Sie sie aus.
2. Vermischen Sie Salz, Rohrzucker, Zitronenschale und Joghurtbutter (120 g) und geben Sie die Eier unter ständigem Rühren einzeln dazu.
3. Vermengen Sie in einer weiteren Schüssel Backpulver und Mehl. Rühren Sie diese Mischung unter die Butter-Mischung. Anschließend rühren Sie die Buttermilch hinein und fügen die Pfirsiche hinzu.
4. Fetten Sie mit der übrig gebliebenen Butter eine Guglhupfform, streuen Sie sie mit Semmelbröseln aus und befüllen Sie sie mit dem Teig.
5. Backen Sie den Guglhupf für 50 Minuten (160 °C Umluft).

Joghurt-Torte mit Melone

Schwierigkeitsgrad	🍴
Portionsanzahl	③
Kalorien	245 Kcal.
Dauer	60 Min.
Lifestyle	vitaminreich
Saisonalität	Sommer

Zutaten

- 120 g Vollkorn-Butterkekse
- 1 TL Zimt
- 400 g Cantaloupe-Melone
- 5 Blätter Gelatine, rot
- 450 g Joghurt
- 50 g Puderzucker
- 65 g Butter
- 400 g Wassermelone
- 2 Blätter Gelatine, weiß
- 1 Bio-Orange
- 3 EL Ahornsirup
- 350 Ml Sahne

Zubereitung

1. Geben Sie die Butterkekse in einen Beutel und zerbröseln Sie die Kekse mithilfe eines Fleischklopfers.
2. Schmelzen Sie die Butter und vermischen Sie sie mit Zimt und Bröseln. Füllen Sie das Ganze in eine Springform mit Backpapier und stellen Sie sie für 30 Minuten in den Kühlschrank.
3. Entkernen Sie die Melonen und stechen Sie mithilfe eines Kugelausstechers das Fruchtfleisch aus.
4. Weichen Sie die Gelatine für 5 Minuten in kaltem Wasser auf. Reiben Sie die Schale der Orange ab und pressen Sie sie aus.
5. Vermischen Sie Joghurt, Puderzucker, 1 ½ TL Orangenschale und Ahornsirup.
6. Erhitzen Sie den Orangensaft und lösen Sie darin die ausgedrückte Gelatine auf. Vermischen Sie das Ganze mit etwas Joghurtmasse (3 EL) und rühren Sie die Mischung unter den restlichen Joghurtteig. Stellen Sie die Joghurtmischung für 10 Minuten in den Kühlschrank.
7. Anschließend heben Sie die steif geschlagene Sahne unter und füllen den Joghurtteig in die Springform. Verteilen Sie darauf die Melonenkugeln und stellen Sie die Torte für eine Nacht in den Kühlschrank.

Holunderküchlein

Schwierigkeitsgrad	🍴🍴
Portionsanzahl	③
Kalorien	200 Kcal.
Dauer	45 Min.
Lifestyle	eiweißreich
Saisonalität	Sommer

Zutaten

4 Holunderblütendolden

3 EL Agavendicksaft

½ Bio-Limette

8 TL Weizenmehl

4 TL Joghurtbutter

200 g Erdbeeren

5 Eier

Salz

1 TL Backpulver

Zubereitung

1. Schütteln Sie die Blütendolden gut aus.
2. Vierteln Sie die gewaschenen Erdbeeren und pürieren Sie sie zusammen mit Agavendicksaft (1 EL). Streichen Sie das Püree anschließend durch ein Sieb in eine Schüssel.
3. Trennen Sie die Eier und verrühren Sie den übrig gebliebenen Agavendicksaft mit den Eigelben. Reiben Sie die Schale der Limette ab und fügen Sie sie hinzu.
4. Schlagen Sie das Eiweiß mit etwas Salz steif und heben Sie den Eischnee unter die Eigelbmischung. Sieben Sie Backpulver und Mehl darüber und heben Sie es unter.
5. Fetten Sie kleine Förmchen mit der Joghurtbutter und befüllen Sie sie mit dem Teig und platzieren Sie in jedes Förmchen eine Blütendolde.
6. Backen Sie die Küchlein für 8 Minuten (180 °C Umluft) und servieren Sie sie mit dem Erdbeerpüree.

Maisbrot

Schwierigkeitsgrad	🍴🍴
Portionsanzahl	③
Kalorien	180 Kcal.
Dauer	70 Min.
Lifestyle	Diätrezept
Saisonalität	Herbst

Zutaten

2 Chilischoten, rot

50 g Butter

1 Päckchen Backpulver

325 g Maisgrieß

50 g Honig

1 EL Öl

6 Jalapenos (Glas)

200 g Weizen-Vollkornmehl

Salz

500 Ml Buttermilch

2 Eier

Zubereitung

1. Hacken Sie die gewaschenen und entkernten Chilischoten und die Jalapenos. Schmelzen Sie die Butter und lasse Sie sie etwas auskühlen.
2. Vermischen Sie Maisgrieß, Mehl, Salz (1 TL) und das Backpulver.
3. Verrühren Sie die Butter mit den Eiern, Buttermilch und Honig und vermischen Sie das Ganze mit den Jalapenos, den Chilischoten und der Mehlmischung. Verkneten Sie alles zu einem Teig.
4. Ölen Sie eine Kastenform ein, befüllen Sie sie mit dem Teig und backen Sie das Brot für 40 Minuten (160 °C Umluft).

Chia-Kipferl

Schwierigkeitsgrad	🍴🍴
Portionsanzahl	③
Kalorien	105 Kcal.
Dauer	95 Min.
Lifestyle	vegan
Saisonalität	Winter

Zutaten

1 EL Chiasamen
2 EL Apfelmus
3 EL Reissirup
75 g gemahlene Mandeln
1 TL Vanille, gemahlen
1 EL Puderzucker
25 g Kokosöl
2 EL Mandelmus
95 g Dinkelvollkornmehl
1 Prise Salz
1 EL Mohn, gemahlen

Zubereitung

1. Lassen Sie die Chiasamen rund 10 Minuten in Wasser (3 EL) quellen.
2. Verkneten Sie anschließend sämtliche Zutaten (ohne Puderzucker) mit den gequollenen Chiasamen zu einem Teig. Wickeln Sie den Teig in eine Frischhaltefolie und stellen Sie ihn ca. 1 Stunde kühl.
3. Schneiden Sie den Teig in Stücke und formen Sie darauf kleine Kipferl. Legen Sie diese auf ein Backblech mit Backpapier und backen Sie für 15 Minuten (130 °C Umluft).
4. Bestäuben Sie die Kipferl anschließend mit Puderzucker.

Bananenbrot

Schwierigkeitsgrad	🍴🍴
Portionsanzahl	③
Kalorien	210 Kcal.
Dauer	90 Min.
Lifestyle	laktosefrei
Saisonalität	Winter

Zutaten

300 g Mehl	1 Päckchen Backpulver
½ TL Salz	Muskat
150 g Walnüsse	3 Bananen
1 Vanilleschote	145 g Margarine
125 g Rohrzucker	1 Ei

Zubereitung

1. Vermischen Sie Backpulver, Salz, Mehl und etwas Muskat. Fügen Sie die fein gehackten Walnüsse hinzu.
2. Pürieren Sie die geschälten Bananen und vermischen Sie sie mit dem ausgekratzten Mark der Vanilleschote.
3. Verrühren Sie Zucker Margarine (140 g) und das Ei. Mischen Sie portionsweise das Bananenpüree und das Mehl unter.
4. Fetten Sie eine Kastenform mit der übrig gebliebenen Margarine und befüllen Sie sie mit dem Teig.
5. Backen Sie das Brot für 60 Minuten (150 °C Umluft).

Kinderrezepte

Mandarinen-Honig-Milch

Schwierigkeitsgrad	🍴
Portionsanzahl	③
Kalorien	345 Kcal.
Dauer	15 Min.
Lifestyle	vitaminreich
Saisonalität	Frühling

Zutaten

5 Mandarinen

225 g getrocknete Aprikosen

3 EL Haferkleie

3 TL Honig

600 Ml Buttermilch

Zubereitung

1. Die Mandarinen schälen und die Haut entfernen.
2. Die Fruchtsegmente teilen und zerkleinern.
3. Buttermilch, Mandarinen und Aprikosen in ein hohes Gefäß füllen und gut durchmixen.
4. Etwas Honig zugeben.

Popcornmüsli

Schwierigkeitsgrad	🍴
Portionsanzahl	③
Kalorien	325 Kcal.
Dauer	15 Min.
Lifestyle	vitaminreich
Saisonalität	Sommer

Zutaten

30 g Buchweizen
1 EL Sesam
1 EL Popcornmais
10 g Puffamaranth
20 g Haferflocken
1 EL Rosinen
40 g Joghurt
30 g Obst

Zubereitung

1. Buchweizen, Sesam in eine Pfanne ohne Öl geben und bei mittlerer Hitze rösten.
2. Mais in die Pfanne geben und zudecken. Ständig schütteln bis Popcorn entstanden ist.
3. Das Popcorn mit Puffamaranth, Haferflocken und Rosinen mit dem Buchweizen und dem Sesam in eine Schüssel geben. Alles gut mischen und in Vorratsgläser füllen.
4. Einfach die Portionen mit Joghurt servieren. Obst kann als Alternative zugegeben werden.

Spinatnudeln

Schwierigkeitsgrad	🍴
Portionsanzahl	③
Kalorien	610 Kcal.
Dauer	35 Min.
Lifestyle	vegetarisch
Saisonalität	Frühjahr

Zutaten

450 g Blattspinat

180 g Lasagne Blätter

450 Ml Gemüsebrühe

3 EL Erdnussbutter

Salz

Pfeffer

110 g Raclette käse

Zubereitung

1. Den Spinat verlesen, waschen und verkleinern.
2. Die Blätter der Lasagne zerkleinern.
3. Die Gemüsebrühe aufkochen lassen und die Stücken der Lasagne Platten langsam einlegen.
4. Bei mittlerer Hitze Topf bedecken und 10 Minuten köcheln lassen.
5. Erdnussbutter und Spinat unterheben. Salzen und pfeffern nicht vergessen. Abdecken und nochmals 5 Minuten köcheln lassen.
6. Den Käse schneiden und zugeben.

Aprikosenufos

Schwierigkeitsgrad	🍴
Portionsanzahl	③
Kalorien	280 Kcal.
Dauer	20 Min.
Lifestyle	vitaminreich
Saisonalität	Sommer

Zutaten

150 g getrocknete Aprikosen

45 g Cashewkerne

3 EL Orangensaft

24 Backoblaten

45 g Haferflocken

Zubereitung

1. Aprikosen und Cashewkerne zerkleinern und in eine Schüssel geben,
2. Haferflocken und O-Saft zugeben und vermengen.
3. Nun die Masse zwischen die Oblaten legen.

Fruchteis

Schwierigkeitsgrad	🍴
Portionsanzahl	③
Kalorien	75 Kcal.
Dauer	15 Min.
Lifestyle	vitaminreich
Saisonalität	Sommer

Zutaten

1 Stiel Zitronenmelisse

1 EL Puderzucker

½ Zitrone

225 g TK Früchte

150 g Joghurt

Zubereitung

1. Die Zitrone bitte ausdrücken.
2. Die Melisse abzupfen und alles zusammen in einen großen Becher geben.
3. Vorsichtig alle Zutaten mit dem Stabmixer vermengen.
4. Danach kann das Eis sofort verzehrt werden.

Blumenkohlbrei

Schwierigkeitsgrad	
Portionsanzahl	③
Kalorien	170 Kcal.
Dauer	25 Min.
Lifestyle	vitaminreich
Saisonalität	Herbst

Zutaten

3 Kartoffeln

300 g Blumenkohl

3 EL Rapsöl

3 EL Apfelsaft

3 EL Haferflocken

Zubereitung

1. Blumenkohl und Kartoffeln schälen und kochen.
2. Haferflocken zugeben und mitkochen. Gute 3 Minuten.
3. Topf vom Herd nehmen und mit Rapsöl und Apfelsaft auffüllen.
4. Mit dem Pürierstab ordentlich zerkleinern, bis ein Brei entsteht.

Ab 6 Monaten

Reisbrei

Schwierigkeitsgrad	🍴
Portionsanzahl	③
Kalorien	205 Kcal.
Dauer	30 Min.
Lifestyle	ballaststoffreich
Saisonalität	Herbst

Zutaten

1 Paprikaschote

75 g Vollkornreis

½ Orange

2 EL Rapsöl

1 EL Sesam

Zubereitung

1. Paprika zerkleinern und in 200 Ml Wasser im Topf kochen.
2. Reis und Sesam zugeben und bei mittlerer Hitze 20 Minuten kochen.
3. Rapsöl und Orangensaft zugeben und mit dem Pürierstab alles zerkleinern.

Ab 7 Monate

Power Drinks und Smoothies

Smoothie mit Wildfrüchten

Schwierigkeitsgrad	🍴
Portionsanzahl	③
Kalorien	195 Kcal.
Dauer	5 Min.
Lifestyle	vegetarisch
Saisonalität	Sommer

Zutaten

3 Stiele Zitronenmelisse

150 g Apfelmuss

3 EL Hagebutten Mark

3 EL Sanddorn Mark

150 g Joghurt

300 Ml Dinkelmilch

Eiswürfel

Zubereitung

1. Die Blätter von der Melisse zupfen.
2. Das Apfelmuss mit dem Mark der Hagebutte und des Sanddorn in einem hohen Gefäß vermengen.
3. Die restlichen Zutaten zugeben und alles mit dem Stabmixer vermischen. Anschließend die Eiswürfel in ein Glas füllen und alles servieren.

Granatapfel-Smoothie

Schwierigkeitsgrad	🍴
Portionsanzahl	③
Kalorien	150 Kcal.
Dauer	10 Min.
Lifestyle	vegetarisch
Saisonalität	Frühling

Zutaten

1 ½ Granatäpfel

150 g Cranberrys

370 Ml Milch

Eiswürfel

225 g Joghurt

Zubereitung

1. Die innen liegenden Körner aus dem Granatapfel entfernen und in eine Schüssel geben.
2. 1 EL Kernen beiseitelegen. Den Rest mit dem Joghurt in einem Mixer vermengen.
3. Langsam die Milch zugeben und die Cranberrys.
4. Alles noch einmal gut mixen und vermengen.
5. Zusammen in ein hohes Glas füllen und Eiswürfel dazugeben. Mit den restlichen Granatapfelkernen garnieren.

Pflaumen Smoothie

Schwierigkeitsgrad	🍴
Portionsanzahl	③
Kalorien	90 Kcal.
Dauer	15 Min.
Lifestyle	vegetarisch / fettarm
Saisonalität	Herbst

Zutaten

8 getrocknete Pflaumen

400 Ml Dinkelmilch

Eiswürfel

4 kleine Zimtstangen

400 Ml Mineralwasser (kalt)

Zubereitung

1. Die getrockneten Pflaumen halbieren und zerkleinern. Achtung Kerne!
2. Dinkelmilch schaumig schlagen. Geht am besten mit einem Stabmixer.
3. Pflaumen zugeben und das Mineralwasser zufügen.
4. Nochmals mit dem Stabmixer mixen und in einem hohen Glas mit Eiswürfeln servieren.
5. Die Zimtstangen als Dekoration nutzen.

Bananemandeldrink

Schwierigkeitsgrad	🍴
Portionsanzahl	③
Kalorien	140 Kcal.
Dauer	15 Min.
Lifestyle	vitaminreich
Saisonalität	Sommer

Zutaten

2 Bananen

300 Ml Mandeldrink

2 TL Limettensaft

2 Msp. Vanillemark

100 Ml Rote Bete Saft

300 g Kirschen

2 EL Honig

Zubereitung

1. Banane schälen und zerkleinern. Mit dem Mandeldrink, dem Limettensaft und dem Vanillemark zusammenfügen.
2. Alles mit dem Stabmixer vermengen.
3. Den Smoothie in ein Glas füllen. Als Topping den Rote Bete Saft, Kirschen und Honig mixen.
4. Den roten Smoothie über den Bananen Smoothie geben.

Tomaten- und Gurken-Powerdrink (mit 📷)

Schwierigkeitsgrad	🍴
Portionsanzahl	③
Kalorien	115 Kcal.
Dauer	10 Min.
Lifestyle	vegetarisch
Saisonalität	Sommer

Zutaten

1 ½ Gurken	Chilipulver
750 g Kirschtomaten	Salz
6 Stiele Dill	Pfeffer
300 Ml Kefir	Eiswürfel

Zubereitung

1. Die Gurke schälen, halbieren und entkernen. Anschließend den Rest würfeln.
2. Tomaten waschen und halbieren. Den Dill vorsichtig zerkleinern.
3. Alle Zutaten zusammen in den Mixer geben und ordentlich mixen bis eine gewünschte Konsistenz entsteht.

Zu diesem Rezepte gibt es ein Bild von einer Kooperationspartnerin auf Instagram. Scannen Sie mit Ihrem Smartphone den QR-Code ein. Alternativ können Sie folgenden Link eingeben:

http://bit.ly/Tomatendrink[19]

[19] http://bit.ly/tomatendrink

Spinat-Melonensmoothie

Schwierigkeitsgrad	🍴
Portionsanzahl	③
Kalorien	80 Kcal.
Dauer	15 Min.
Lifestyle	Trennkost
Saisonalität	Sommer

Zutaten

1 Honigmelone	700 g junger Blattspinat
3 Zimtstangen	Eiswürfel

Zubereitung

1. Die Melone von den Kernen entfernen und das Fruchtfleisch herauslösen.
2. Den Spinat Waschen und kurz trocknen.
3. Die Zimtstange in dünne Streifen schneiden.
4. Alles zusammen in den Mixer geben und durchmixen.
5. Danach in einem Glas mit Eiswürfeln servieren.

Mango Smoothie

Schwierigkeitsgrad	🍴
Portionsanzahl	③
Kalorien	150 Kcal.
Dauer	10 Min.
Lifestyle	vitaminreich
Saisonalität	Sommer

Zutaten

2 Mango

2 Grapefruit

300 g Himbeeren

Eiswürfel

4 Stiele Minze

Zubereitung

1. Die Mango schälen und in Stücke schneiden.
2. Die Grapefruit entsaften.
3. Die Minze von den Stielen zupfen und in Streifen schneiden.
4. Anschließend alles außer die Eiswürfel in den Mixer geben.
5. Bei Bedarf mit Mineralwasser auffüllen.
6. Ordentlich mixen und in einem Glas mit Eiswürfeln servieren.

Basisch

Zucchini-Nudeln

Schwierigkeitsgrad	🍴
Portionsanzahl	③
Kalorien	140 Kcal.
Dauer	30 Min.
Lifestyle	basisch
Saisonalität	Frühling

Zutaten

3 Zucchini	300 g Limonenseitling
1 Handvoll Petersilie	1 Knoblauchzehe
1 Schalotte	1 Chilischote, rot
2 EL Olivenöl	Salz
Pfeffer, weiß	Saft und geriebene Schale
1 Zitrone	

Zubereitung

1. Stellen Sie mithilfe eines Gemüsehobels Spaghetti aus den gewaschenen Zucchini her. Halbieren Sie die geputzten Pilze, Hacken Sie die Petersilie.
2. Würfeln Sie Schalotte und Knoblauch und hacken Sie die entkernte Chilischote.
3. Dünsten Sie Knoblauch, Schalotte und Chilischote in einer mit Öl erhitzten Pfanne an und fügen Sie anschließend die Pilze hinzu. Nach 7 Minuten mischen Sie die Petersilie unter und würzen das Ganze mit Zitronensaft, Pfeffer, Zitronenschale und Salz. Schwenken Sie die Zucchininudeln darin und richten Sie alles an.

Gemüsespaghetti

Schwierigkeitsgrad	🍴
Portionsanzahl	③
Kalorien	245 Kcal.
Dauer	30 Min.
Lifestyle	basisch
Saisonalität	Frühling

Zutaten

1 ½ Karotten	1 ½ EL Traubenkernöl
1 EL Olivenöl	Saft 1 Zitrone
½ TL Honig	Salz
3 Kohlrabi	½ Schalotte
3 EL Kresse	3 Kirschtomaten

Zubereitung

1. Raspeln Sie die geschälte Karotte. Vermischen Sie die Öle mit Honig, Salz, Zitronensaft und warmem Wasser (2 EL) und rühren Sie das Dressing unter die Karottenraspeln.
2. Schneiden Sie den geschälten Kohlrabi mithilfe eines Spiralschneiders zu Spaghetti. Hacken Sie die abgezogene Schalotte und vermischen Sie beide Zutaten mit den Karottenraspeln.
3. Streuen Sie zum Schluss die geschnittene Kresse über den Salat.

Sommerlicher Obstsalat

Schwierigkeitsgrad	🍴
Portionsanzahl	③
Kalorien	130 Kcal.
Dauer	15 Min.
Lifestyle	basisch
Saisonalität	Sommer

Zutaten

½ Papaya

1 ½ Bananen

1 ½ Pitahayas

Saft ½ Zitrone

Zubereitung

1. Würfeln Sie die geschälte und entkernte Papaya. Würfeln Sie das Fruchtfleisch der Drachenfrucht, schneiden Sie die geschälten Bananen in Scheiben. Vermischen Sie das Obst in einer Schüssel und fügen Sie den Zitronensaft hinzu.

Italienische Tomatensuppe

Schwierigkeitsgrad	🍴
Portionsanzahl	③
Kalorien	340 Kcal.
Dauer	20 Min.
Lifestyle	basisch
Saisonalität	Herbst

Zutaten

7 Tomaten
1 ½ Knoblauchzehen
1 ½ TL Oregano
1 ½ TL Tomatenmark
Salz
3 Zweige Basilikum
½ Zwiebel
3 EL Olivenöl
150 Ml Gemüsebrühe
1 Lorbeerblatt
Pfeffer
½ TL Balsamicoessig

Zubereitung

1. **Überbrühen Sie die Tomaten mit kochendem Wasser, häuten Sie sie und würfeln Sie anschließend die Tomaten.**
2. Hacken Sie Knoblauch und Zwiebel und dünsten Sie beides in Öl an. Fügen Sie Oregano, Tomatenmark, Tomaten, Gemüsebrühe, Lorbeerblatt, Pfeffer und Salz hinzu. Lassen Sie das Ganze für 5 Minuten leise kochen.
3. Schneiden Sie das Basilikum in dünne Streifen. Entfernen Sie das Lorbeerblatt aus der Suppe und pürieren Sie alles. Fügen Sie Balsamicoessig und Basilikum hinzu.

Pilz-Gemüse mit Tofu

Schwierigkeitsgrad	🍴
Portionsanzahl	③
Kalorien	130 Kcal.
Dauer	45 Min.
Lifestyle	basisch
Saisonalität	Herbst

Zutaten

4 Shiitakepilze, getrocknet

2 Frühlingszwiebeln

15 g Ingwer

½ Weißkohl

95 g geräucherter Tofu

1 ½ EL Hoisin-Soße

½ TL Sesamöl

½ TL Rapsöl

6 Blätter Eisbergsalat

1 ½ Knoblauchzehen

1 Schalotte

½ Bund Koriander

2 EL Sojasoße

½ TL brauner Zucker

½ TL Speisestärke

Zubereitung

1. Weichen Sie die Pilze für 10 Minuten in heißem Wasser ein. Schneiden Sie gewaschenen Frühlingszwiebeln in Ringe. Zerdrücken Sie den geschälten Knoblauch, reiben Sie den geschälten Ingwer und hacken Sie die geschälte Schalotte.
2. Schneiden Sie den geputzten Weißkohl in dünne Streifen.
3. Gießen Sie die Pilze ab, fangen Sie dabei das Wasser auf. Entfernen Sie die Pilzstiele und hacken Sie den Rest. Hacken Sie den gewaschenen Koriander. Würfeln Sie den Tofu.
4. Vermischen Sie Hoisin-Soße, Sojasoße, Zucker, Sesamöl und Pilzwasser (4 EL) mit der mit Wasser verrührten Speisestärke.
5. Dünsten Sie Koriander, Ingwer, Schalotten und Knoblauch in einem mit Rapsöl erhitzten Wok an. Fügen Sie Tofu, Kohl und Pilze hinzu. Nach 3 Minuten gießen Sie die Soße dazu.
6. Servieren Sie das Gemüse auf den gewaschenen Salatblättern und streuen Sie die Frühlingszwiebeln darüber.

Rucolacreme (mit 📷)

Schwierigkeitsgrad	🍴
Portionsanzahl	③
Kalorien	350 Kcal.
Dauer	15 Min.
Lifestyle	basisch
Saisonalität	Winter

Zutaten

190 g Rucola	75 g gekochte Kartoffel-Würfel
½ Schalotte, gewürfelt	½ Knoblauchzehe
½ EL Butter	150 Ml Sahne
525 Ml Gemüsebrühe	Salz
Pfeffer	30 g Parmesan

Zubereitung

1. Waschen und putzen Sie den Rucola.
2. Dünsten Sie die Schalotten in der Butter, pressen Sie den Knoblauch hinein und fügen Sie die Brühe, Kartoffelwürfel und Sahne hinzu. Lassen Sie das Ganze aufkochen, geben Sie den Rucola dazu und pürieren Sie alles. Würzen Sie die Suppe mit Pfeffer und Salz.
3. Richten Sie die Suppe an und bestreuen Sie sie mit geriebenem Parmesan.

Zu diesem Rezepte gibt es wieder ein Bild:

http://bit.ly/RucolaCremeSuppe[20]

[20] http://bit.ly/RucolaCremeSuppe

Bohneneintopf

Schwierigkeitsgrad	🍴
Portionsanzahl	③
Kalorien	280 Kcal.
Dauer	70 Min.
Lifestyle	basisch
Saisonalität	Winter

Zutaten

3 ½ getrocknete Tomaten

¾ L Wasser

½ TL Pfefferkörner, schwarz

375 g Kartoffeln

Salz

3 EL Kürbiskerne

1 ½ EL Obstessig

190 g weiße Bohnen

1 Lorbeerblatt

1 ½ Stangen Lauch

1 ½ Knoblauchzehen

Pfeffer

½ EL Kürbiskernöl

Zubereitung

1. Würfeln Sie die gewaschenen Tomaten. Weichen Sie die Bohnen zusammen mit den Tomaten über Nacht in Wasser mit den Pfefferkörnern und dem Lorbeerblatt ein.
2. Kochen Sie die Bohnen und Tomaten für 40 Minuten in dem Einweichwasser.
3. Schneiden Sie den geputzten Lauch in Ringe, würfeln Sie die geschälten Kartoffeln und hacken Sie den geschälten Knoblauch.
4. Fügen Sie der Suppe den Knoblauch und die Kartoffeln hinzu. Nach 10 Minuten geben Sie den Lauch hinein.
5. Rösten Sie die Kürbiskerne in einer fettfreien Pfanne an.
6. Würzen Sie den Bohneneintopf mit Pfeffer, Essig, Salz und Kürbiskernöl.
7. Richten Sie den Eintopf an und bestreuen Sie ihn mit den Kürbiskernen.

Bonuskapitel: Kindergeburtstags gerichte

Fruchtbowle

Schwierigkeitsgrad	🍴
Portionsanzahl	③
Kalorien	120 Kcal.
Dauer	55 Min.
Lifestyle	vitaminreich
Saisonalität	Sommer

Zutaten

250 g Erdbeeren

2 Kiwis

½ Mango

½ Zitrone

50 ml Minze-Sirup

1 L klarer Apfelsaft

½ L Mineralwasser

2 Stiele Minze

Zubereitung

1. Erdbeeren und die Kiwis in kleine mundgerechte Stücke schneiden.
2. Die Mango aus der Schale lösen und ebenfalls in mundgerechte Stücke teilen.
3. Die Zutaten mit dem Minze-Sirup und dem Saft einer Zitrone vermischen und 30 Minuten in den Kühlschrank stellen.
4. Nach den 30 Minuten bitte den Apfelsaft und das Mineralwasser zugeben und die Minze vom Stiel abzupfen.
5. Kurz die Minze abspülen und anschließend zur Garnitur in die Bowle geben.

Käse-Igel

Schwierigkeitsgrad	🍴
Portionsanzahl	③
Kalorien	630 Kcal.
Dauer	20 Min.
Lifestyle	Rohkost
Saisonalität	Sommer

Zutaten

1 dicke Möhre

½ Gurke

4 Radieschen

1 Handvoll Trauben

150 g Kirschtomaten

300 g Hartkäse

1 Laib Brot rund

Zubereitung

1. Die Möhre schälen und vorsichtig mit dem Sparschäler streifen abschneiden.
2. Gurke Waschen, halbieren und in Streifen schneiden. Die Radieschen waschen und in dünne Streifen schneiden.
3. Den Käse in Würfel schneiden oder direkt so erwerben.
4. Käse und Gemüse abwechselnd auf die Spießer stecken und in den Laib Brot.

Zuckerfreies Eis

Schwierigkeitsgrad	🍴
Portionsanzahl	③
Kalorien	50 Kcal.
Dauer	480 Min.
Lifestyle	zuckerfrei
Saisonalität	Sommer

Zutaten

1 Kiwi

55 Ml Birnensaft

1 Orange

40 g Kaki

40 g Brombeere

30 Ml Traubensaft

40 g Erdbeeren

40 Ml Johannisbeersaft

Zubereitung

1. Sie brauchen eine Eis Form dafür.
2. Die Kiwi schälen und pürieren und mit dem Birnensaft vermengen. Alles in vier Formen füllen.
3. Den Saft der Orange und die Kaki schälen und mit dem Orangensaft vermengen. in vier Formen füllen. Die 8 Formen in den Tiefkühler stellen für 3 Stunden.
4. Brombeeren waschen und pürieren. Die Brombeeren mit dem Traubensaft vermengen. Diese Masse auf das Kiwi Eis geben und die Form wieder in den Tiefkühler stellen.
5. Die Erdbeeren pürieren und mit dem Johannisbeersaft vermengen und in die Kaki Eis Form füllen. Erneut in den Tiefkühler stellen.
6. Das Eis nochmal 2-3 Stunden durchfrieren lassen.

Kartoffelbrei Dreierlei

Schwierigkeitsgrad	🍴
Portionsanzahl	③
Kalorien	460 Kcal.
Dauer	120 Min.
Lifestyle	vegetarisch
Saisonalität	Frühling

Zutaten

¾ Kg mehlige Kartoffeln

¾ Msp. Safran

1 EL Basilikum

2 EL Butter

¾ EL Parmesan

200 g rote Bete

150 Ml Sahne

1 Knoblauchzehe

75 Ml Milch

Salz

150 g Erbsen TK

Zubereitung

1. Kartoffeln normal kochen und stampfen und auf drei Schüsseln verteilen.
2. Den Knoblauch klein hacken und in einer Pfanne dünsten. Die Erbsen zugeben und mit dünsten. Anschließend mit der Hälfte der Sahne ablöschen. Gute 3 Minuten köcheln lassen und dann den Basilikum zugeben. Das nun mit 1/3 der Kartoffeln vermengen.
3. Nun die Rote Bete schälen und klein schneiden. Mit Butter anschwitzen. Mit Sahne auffüllen und kurz köcheln lassen. Bitte fein pürieren und das unter einen weiteren Teil der Kartoffeln heben.
4. Safran in der heißen Milch auflösen und 1 EL Butter zugeben. Das nun unter die restlichen Kartoffeln heben und mit Salz abschmecken.

Chili-Stockbrot

Schwierigkeitsgrad	🍴🍴
Portionsanzahl	③
Kalorien	510 Kcal.
Dauer	40 Min.
Lifestyle	glutenfrei
Saisonalität	Herbst

Zutaten

500 g Dinkelmehl

1 Würfel Hefe

200 Ml lauwarme Milch

1 TL Zucker

1 EL Salz

1 TL Koriander

2 getrocknete Chilischoten

Zubereitung

1. Mehl, Hefe, 3-4 EL Milch, Zucker vermengen und 30 Minuten gehen lassen.
2. Salz mit dem Koriander und den Chilis vermengen.
3. Milch, Gewürze in den Teig geben und durchkneten. Nochmals 30 Minuten ziehen lassen.
4. Teig in mehrere Stücke teilen und in Stränge formen. Diese um einen Stock wickeln und ins Feuer halten.

Fliegenpilz Tomaten

Schwierigkeitsgrad	🍴
Portionsanzahl	③
Kalorien	230 Kcal.
Dauer	20 Min.
Lifestyle	vegetarisch
Saisonalität	Frühling

Zutaten

3 Eier

6 Pumpernickel

Pfeffer

3 kleine Tomaten

3 Scheiben Mozzarella

Salz

3 TL Magerquark

3 TL Senf

etwas Milch

Zubereitung

1. Die Eier hart kochen.
2. Die Eier schälen und halbieren. Unten etwas abschneiden, damit die Eierhälften stehen.
3. Das Eigelb aus dem Ei entfernen und in einer Schüssel mit der Gabel zerdrücken. Senf, Quark und etwas Milch zugeben und vermengen. Es muss eine cremige Masse entstehen. Nun die Eierhälften mit der Masse füllen.
4. Tomaten waschen und halbieren und mit der Schale nach oben auf die Eierhälften leben. Vorsichtig den Mozzarella zu Fliegenpilzpunkten schneiden und auf die Tomate drapieren.
5. Pumpernickel mit Butter oder der restlichen Creme bestreichen und Ei daraufstellen.

Registerübersicht

Register nach Schwierigkeitsgrad

Schwierigkeitsgrad: leicht

Schwierigkeitsgrad: *mittel*

Schwierigkeitsgrad: *schwer*

Register nach Kalorien

0 – 100 Kalorien

101 – 200 Kalorien

201 – 300 Kalorien

301 – 400 Kalorien

401 – 500 Kalorien

501 – 600 Kalorien

600 und mehr Kalorien

Register nach Dauer

0 – 15 Minuten

16 – 20 Minuten

21 – 30 Minuten

31 – 45 Minuten

46 – 60 Minuten

61 – 90 Minuten

Mehr als 90 Minuten

Register nach Lifestyle

Ballaststoffreich

Fitness

Basisch

Fettarm

Cholesterinarm

Diätrezepte

Laktose Frei

Low-Carb

Rohkost

Vegetarisch

Vitaminreich

Register nach Saisonalität

Frühling

Sommer

Herbst

Winter

Register nach Alphabet

A

B

C

D

H

J

T

W

Z

Danke

Danke, dass Sie sich die Zeit genommen haben, um dieses Buch vollständig zu lesen. Ich hoffe es konnte Ihnen aufzeigen wie einfach man als Familie kochen kann. Mit tollen Rezepten entlasse ich Sie nun in den Alltag und wünsche Ihnen alles Gute und eine ausgezeichnete Gesundheit.

Lassen Sie sich von den Rezepten Tag für Tag begeistern und finden Sie immer das Passende für sich und Ihre Kinder. Vielen Dank für ihren Kauf und Ihr Interesse!

Viel Spaß und ein gutes Gelingen wünsche ich Ihnen nun beim Umsetzen!

Jetzt kommt der Punkt, an dem ich Sie um einen kleinen Gefallen bitte möchte. Sollten Sie es nicht bereits wissen: Rezensionen sind ein extrem wichtiger Bestandteil von Produkten.

Kunden verlassen sich auf Ihre Rezension, wenn sie Kaufentscheidungen treffen. Ihre Rezension hilft meinen Büchern innerhalb eines schon fast überfüllten Amazon-Marktplatzes mehr Sichtbarkeit zur erlangen.

Sollten Sie gefallen an dem Buch gefunden haben, würde es mich sehr freuen wenn Sie sich zwei Minuten Zeit nehmen. Schreiben Sie was Ihnen besonders gut gefallen hat und natürlich auch wenn Ihnen etwas nicht gefallen hat. Ich lese jede Bewertung persönlich und freue mich über jedes ehrliche Feedback. Dadurch kann ich mich stetig verbessern und persönlichen Kontakt zu Ihnen aufbauen.

Das geht so:

- Amazon.de aufrufen
- Zu „Mein Konto" gehen
- „Meine Bestellungen" aufrufen
- „Schreiben Sie eine Produktrezension" klicken
- Rezension schreiben (mind. 10 Wörter)

Hier direkt bewerten: bit.ly/bewertunggesundkochen[21]

Sollten Sie sonstige Fragen, Anliegen, Wünsche oder Beschwerden haben, können Sie sich auch direkt bei mir persönlich über folgende E-Mail-melden:

michaela.fischer@tutanota.de

Herzliche Grüße wünscht Ihre Michaela Fischer

---

[21] https://bit.ly/bewertunggesundkochen

Für alle Leser habe ich eine geschlossene Facebook-Gruppe erstellt, damit wir unser gegenseitig über die neuesten Rezepte, die aktuellsten Ernährungsstrategien und auch über die Bücher und deren Inhalte unterhalten können.

Dazu kommen Sie über Eingabe des Links in Ihren Browser.

bit.ly/michaelaslesertreff[22]

[22] http://bit.ly/michaelaslesertreff

Endlich schlank in den Sommer?

Hier geht's zum Buch: http://bit.ly/Diätrezepte[23]

Was für Sie drin ist:

- Jede Menge inspirative Rezepte
- Wie du gesund abnimmst
- Gesunde Ernährung im Alltag
- Übergewicht und Fettleibigkeit
- Und vieles mehr!

[23] http://bit.ly/diätrezepte

Tolles Essen trotz stressigen Alltags?

Hier geht's zum Buch: http://bit.ly/lowcarbfürberufstätige[24]

Was für Sie drin ist:

- Die Unterschiede zwischen den Aktins, Anabol, Dukan, LCHF, Glyx, Hollywood, South Beach und Strunz Diäten
- Welche Lebensmittel erlaubt und welche verboten sind
- Meal Prep Low Carb Rezepte
- Brotrezepte
- Frühstücksrezepte
- Essen in Restaurants
- Low Carb Familiengerichte und Lunch-To-Go-Rezepte
- Wie Sie Ihren Alltag spielerisch leicht umstellen
- Speisen für den Notfall
- Wie Sie sich selbst belohnen
- Und vieles mehr!

---

[24] http://bit.ly/lowcarbfürberufstätige

Eine Diät die wirklich funktioniert und auch das auch langfristig?

Hier geht's zum Buch:
http://bit.ly/ketogeneernährungfüreinsteiger[25]

Was für Sie drin ist:

- Ketogene Ernährung für Anfänger
- Keton was es ist und wie es in deinem Körper wirkt
- Der Fettstoffwechsel
- Was ist die Ketose
- Ablauf der Ketose-Diät
- Gesundheitliche Vorteile
- Und vieles mehr!

[25] http://bit.ly/ketogeneernährungfüreinsteiger

Impressum

2. Auflage

Kontakt: Markus Fritz/Seitling 273/5571 Mariapfarr
Covergestaltung: Matt Stone
Coverfoto: depositphotos.com

Haftungsausschluss

Der Inhalt dieses Buches wurde mit größter Sorgfalt und nach besten Wissen und Gewissen gestaltet. Im Hinblick auf Richtigkeit, Aktualität und Vollständigkeit der zur Verfügung gestellten Informationen kann der Autor keine Haftung übernehmen. Die Geltendmachung von Ansprüchen jeglicher Art ist ausgeschlossen.

Urheberrecht

Printed in Germany
by Amazon
Distribution.

15777608R00148